图书在版编目（CIP）数据

数字货币：数字时代的金融生活 / 莫开伟，邱泉，李凤文著. -- 北京：经济日报出版社，2021.1
ISBN 978-7-5196-0768-5

Ⅰ. ①数… Ⅱ. ①莫… ②邱… ③李… Ⅲ. ①数字货币—研究 Ⅳ. ① F713.361.3

中国版本图书馆 CIP 数据核字 (2020) 第 264514 号

数字货币：数字时代的金融生活

作　　者	莫开伟　邱　泉　李凤文
策划编辑	肖小琴
责任编辑	黄芳芳
责任校对	刘　颖
出版发行	经济日报出版社
地　　址	北京市西城区白纸坊东街 2 号 A 座综合楼 710(邮政编码 :100054)
电　　话	010-63567684（总编室） 010-63584556（财经编辑部） 010-63567687（企业与企业家史编辑部） 010-63567683（经济与管理学术编辑部） 010-63538621 63567692（发行部）
网　　址	www.edpbook.com.cn
E - mail	edpbook@126.com
经　　销	全国新华书店
印　　刷	北京荣泰印刷有限公司
开　　本	880×1230 毫米　1/32
印　　张	6.75
字　　数	165 千字
版　　次	2021 年 5 月第 1 版
印　　次	2021 年 5 月第 1 次印刷
书　　号	ISBN 978-7-5196-0768-5
定　　价	48.00 元

名家推荐

（按姓名拼音排序）

随着科技的快速进步，时空环境已发生巨大变化，可以预见，数字货币将逐步进入人们的日常生活，并影响全球金融格局。当前，不少国家已经或计划推出自己的数字货币，以争夺新时代的全球金融主导权。本书采用通俗易懂的写作方式，对数字货币的基本表现形式、特征以及作用，尤其是数字货币与电子货币、加密数字货币之间的关系与区别进行了具体分析与深刻解读，对数字货币的前世今生及来龙去脉讲得比较透彻，值得行业人士及普通读者阅读、收藏。

——著名经济学家 韩和元

说起数字货币，人们多多少少听过这个概念，但大众眼中的数字货币，可能仅仅停留在比特币等非法定数字货币层面上。事实上，数字货币的范围远不止于此。数字货币发轫于一些科技公司对超主权货币梦寐以求的追求，人们试图借助区块链技术实现数字货币的去中心化和发行数额的有限化，并在此基础上体现出交易成本低、交易速度快、匿名性强等优势，最终发挥出币值稳定和抑制通货膨胀之作用。在当前不断有国家加入的金融话语权争夺战中，本书可谓出版得及时，有利于让我们了解数字货币的相关知识。

——知名财经作家 胡金盛

《数字货币：数字时代的金融生活》一书具有引领数字货币研究潮流的超前意识，作者在书中提出的一些观点和看法是一次有益的探索与尝试，虽然一些观点并不成熟，但这种探索精神难能可贵。尤其是，全书具有较强的科普性，不同层次的人都能看得懂，能帮助大家对数字货币有一个比较全面的了解。有兴趣的朋友可翻开读一读，相信一定会受益匪浅。

——中南财经政法大学数字经济研究院执行院长、教授 盘和林

展望未来，数字货币是数字时代的标识之一，也是未来的大趋势。这本书可以帮助读者认清数字货币的本质，读懂数字时代金融生活的密码。

——商业文明联盟创始人、秦朔朋友圈发起人 秦朔

目前，数字货币已经成为全球金融界的热门话题，尤其是中国央行正在测试的数字货币将引领时代潮流。但对于什么是数字货币、数字货币有哪些种类、数字货币有哪些基本特征、将为人类带来哪些好处以及有哪些潜在风险等诸多问题，却鲜有人搞得清楚。本书从多个维度，对相关热点问题进行了深入剖析，为我们打开了一扇观察数字货币的窗口。无论是站在行业人士，还是大众读者的角度来看，《数字货币：数字时代的金融生活》都是一本值得认真阅读的书。

——《银行进化论》作者、金融学博士 麒鉴

在人类漫长的历史上，货币大都是有形的，人们可以用肉眼看得到，用手摸得着。从中国原始社会时期，人们先后用贝壳、绸缎、金、银等充当货币。迈入21世纪，各种科学技术发展迅猛，经济业态不断变化，钱的形态也变得丰富多彩，尤其是数字货币的出现，把货币的形式推向新的阶段。本书对普通读者了解数字货币的来龙去脉，有很大的帮助，值得读读！

——《华夏时报》副总编、金融专家 冉学东

当前各国央行纷纷研发数字货币，期望让法定数字货币走到全球金融市场的前端。可以说，数字货币即将进入民众生活。这本书

从数字货币的演变形态入手，系统地比较了电子货币、非法定数字货币、法定数字货币的异同，为我们揭开数字货币的神秘面纱，逻辑清晰，语言精练，值得一读。

——中国人民银行教授、中国制造业金融研究院院长 邹平座

数字货币作为金融创新有传统货币无法替代的优点，能够给企业经营、个人生活等带来各种便利，同时也会对货币政策、金融稳定等带来挑战。本书有助于政府官员、企业管理者等社会各界人士了解数字货币、驾驭数字经济。

——东北财经大学硕士研究生导师、经济学博士 周彬

序言

未来已来，数字货币即将进入民众生活

数字货币伴随着计算机、区块链和现代信息技术的脚步，悄然走入全球民众的金融生活，无论人们是否能感知到它的温度，它都已向现实金融体系释放了巨大的热能，如穿透天空洒向大地的阳光！

数字货币发端于一些科技公司对超主权货币的追求，人们试图借助区块链技术实现全球数字货币的去中心化和发行数额的有限化，并在此基础上体现数字货币交易成本低、交易速度快、匿名性强等优势，最终发挥数字货币币值稳定和抑制通货膨胀的作用。

数字货币创立者们的理想，是美好的，让人佩服，这种数字货

币在全球民众金融生活中掀起了阵阵波澜，也让各国央行见证了它的巨大威力：一方面，数字货币为当前货币体系带来了深刻的影响和变革；另一方面也赢得了全球部分民众的青睐，而且数字货币的先驱——比特币还一度给全球金融投资者带来了巨大回报，不少参与投资的民众从中分享了巨大的红利。

好景不长，数字货币的负面影响随之而来：由于其去中心化的特点，又没有国家央行的加持，不具有强制性和法偿性，难以成为真正的货币，因而被称为非法定数字货币，加之其匿名性也客观上为一些违法犯罪活动提供了“护身符”，给世界金融体系的稳定与安全带来了隐患。基于上述原因，不少国家政府已开始介入对非法定数字货币的监管，防范风险隐患的措施正逐步升级，力图把风险消灭在萌芽中。

同时，我们也要看到，如果对非法定数字货币一味地严格监管，无视它的作用，尤其是忽视数字货币革命给当下全球经济发展带来的推动作用，那无疑是对货币金融创新的扼杀，也是对全球民众要求的漠视。因此，在非法定数字货币的倒逼下，各国央行纷纷开始研发数字货币，试图通过推出政府加持的法定数字货币，来遏制非法定数字货币的冲击，以赢得货币发行和监管的主动权，并为建立新的全球货币运行体系积累经验，最终让法定数字货币走到全球金融市场的前端。

正是在全球各国央行这种紧迫感的推动下，全球法定数字货币犹如雨后春笋，不断涌现。目前全球有百分之七八十的国家已推出或已投入研发了数字货币，数字货币的建立也被提到货币发行、运用与监管体系的议事日程上来。

本书正是在全球各国政府的数字货币即将全面推开的前夕，采用通俗易懂的方式，对数字货币的基本表现形式、特征以及作用，尤其是对数字货币、电子货币与加密数字货币之间的联系与区别进行了具体分析与深刻解读，让普通读者能够对数字货币的来龙去脉有清晰的了解。

本书共分七章，第一章对数字货币最一般的表现形式与特征进行了具体描述，建立人们对数字货币的基本认识；第二章介绍了数字货币的种类，并对央行为何要推行法定数字货币等问题进行了详细解读；第三章探讨了数字货币对全球经济金融体系的影响，重点是结合实际情况与历史进程，探讨数字货币的作用；第四章对数字货币在具体运用中的优势进行描述，体现数字货币的优越性；第五章预估了数字货币可能对全球金融生活带来的负面影响，意在引起各国央行把控好数字货币风险的意识；第六章对当前全球各国在数字货币研发与推广上的基本态度以及政策进行了基本介绍，让读者对数字货币的发展现状有清晰的了解；第七章对数字货币在未来的发展普及，以及可能给现行全球货币秩序带来的影响进行了大胆预测，意在引起各国政府，以及民众对数字货币的重视。

作者希望通过此书，能让广大读者对数字货币的基本知识有一个全方位的了解，也试图让读者充分感知到数字货币的魅力与威力，以便能够迎接数字货币的到来。因作者知识有限，写作时间较为紧迫，可能有不少谬误之处，敬请读者朋友批评指正！

作者

于2020年年末

目录

I

第一章

数字货币带来的无穷遐想

DIGITAL
CURRENCY

目前，人类已逐步进入数字货币时代，这是社会科技信息发展的产物，也是人类渴求货币更加简便、快捷、高效的内在冲动的结果；人民群众作为的历史创造者，通过这波始于民间的货币革命，将人类货币带入了新的时期。当前，非法定数字货币的诞生已引起各国政府的警觉，越来越多的国家监管部门意识到非法定数字货币对各国现行货币体系带来的挑战，各国政府也正在加紧部署数字货币的研发与推广战略，与非法定数字货币展开一场争夺制高点的“血刃战”，双方已进行了多轮较量，其中的刀光剑影，让人眼花缭乱，带给了人们无限的遐想空间。那么，非法定数字货币与法定数字货币到底谁会是未来货币体系的主宰？别急，我们先来了解一下有关数字货币的基本知识。

从广义角度看数字货币的模样

货币作为一种特殊的等价物，是度量商品与商品之间价格的工具，是购买货物时充当的交易媒介，也是保存财富的手段，推而广之即货币是财富所有者用于购买其所需“物品”或交易结算，实现价值转移的一种契约凭证。

在人类历史上，货币都是有形的。从原始社会时期，人们之间用来充当交换媒介的贝壳的出现，到封建社会铜质的钱、镈、刀等货币的涌现，再到金、银等钱币的出现，最后到封建社会后期出现的纸币，无论“货币”的形式怎样变化，也无论其性能变得多么的优越，都是有形的，是人类可以用肉眼观察和感知的客观“实物”。历史上的这些货币不仅是有形的，而且从材质到形式也是十分丰富的，全球各国流通和使用的货币林林总总，花花绿绿，看起来很让人喜欢，也更让人们惊叹于各国货币创造者的聪明才智。

另一方面，货币还有一个特点，就是随着经济发展水平和科技水平的提高，不断从笨重、粗糙，向贵重、轻便的方向发展。比如从贝壳、铜钱、金银币，到纸币的发展趋势就是沿着这个方向前进的。而且每次货币形态的更替都是科技发展推动的结果，比如从贵金属到纸币，不仅货币变得越来越简便易携带，而且货币防伪水平也越来越高。尤其令人感到兴奋的是，现代社会货币又向前迈出了关键性的一步，即从实物纸币迈向电子数字货币。今天，全球主要国家已进入数字货币的开发时代，是人类货币不断由低级形态向高级形态发展的最佳印证。

那么，现在或未来的数字货币到底会以什么样的模样展现在我们面前呢？我们先从广义的角度将数字货币分为三种形态来描述。

一、电子化的货币记账——电子货币

电子货币使数字货币进入了初级时代，这里主要指货币进入电子化时代以后，货币摆脱了单一的纸币交易支付形式，开始通过网络第三方平台进行支付，实现货币电子化，即通过电子化方式完成货币的支付，是数字货币的一种萌芽状态，但还不能称之为数字货币，实质是一种电子化记账行为，但为数字货币的出现奠定了一定基础。

电子货币（Electronic Money）是典型的信息时代发展的产物，诞生于20世纪末和21世纪初。简单地说，电子货币就是消费者将一定传统货币金额，通过发行机构兑换成等值金额，存入电子设备中，或通过银行及第三方机构推出的快捷支付服务方式进行转换，消费者将其用于消费、交易和账务支付。

据记载，早在1973年，法国人罗兰德·莫瑞诺（Roland Mornno）就发明了智能（IC）卡作为电子货币的载体,揭开了网络货币发展的序幕。与此同时，美国在20世纪80年代也着手进行了电子货币的研究，稍后英国、德国等国家也相继研发了电子货币。中国则于1993年开始组织实施各类卡基金应用系统工程的研发与推广，为经济金融发展营造宽松有利的支付环境。在政府的大力支持之下，中国的第三方支付平台如支付宝、财付通等也迅速发展起来。

其实，“电子货币”本质并不是货币，只是采用现代通讯技术和计算机技术的货币记账，所涉及的内容包罗万象，如信用卡、储蓄卡、IC卡、消费卡、电话卡、电子支票、电子钱包、智能卡等等，几乎包括了所有与资金有关的电子化的支付工具。

最初的电子货币出现后，给人们生活带来了极大的方便，有效改变了人们的支付环境，提高了民众金融生活的质量，也极大地促进了金融业与社会经济、民众生活的美好结合，为人类社会经济发展打开了一扇“快乐”之窗。

电子货币与传统货币的区别在于：一是传统货币与电子货币发行机制不同，传统货币一般都由该国央行发行，由央行进行管理控制，具有强制性；而电子货币由不同的发行主体自行研发，没有国家信用做背景，不具有强制性。二是发行机构不同，传统货币通常由该国央行拥有唯一发行垄断权，而电子货币发行机构“政出多门”，既可以是央行，也可以是商业银行，更有不少的企业和公司参与其中。三是传递方式不同，传统货币大多适应面对面交易，不太适合网络交易；而电子货币可通过网络或信息技术传递，具有简便易携性。四是交易方式不同，传统货币需要面对面的交易支付，而电子货币可通过网络进行。五是储存空间不同，传统货币储存需要大量空间或工具，而电子货币几乎不占用物理空间，需要的网络空间也较小。

可见，电子货币的出现减少了资金支付交易的繁琐环节，提高了资金运转效率，降低了货币发行成本，也有利于降低资金拥有者在各方面的风险，深受全社会的喜爱和热棒。虽然，货币电子化只是数字货币的一个雏形，但却让人们看到了货币数字化的可能性及其广阔前景。这个时期的各类电子货币以及微信、支付宝等第三方平台，都只是一种实现交易的方式，其本质并不是货币，不具备法定货币所具有的各项职能。

二、亦币亦商的货币——非法定数字货币

紧随电子货币的步伐，缘于互联网信息技术基础之上，而复杂程度高于互联网信息技术的区块链技术，为非法定数字货币的诞生提供了可能。

事实上，区块链技术发端于比特币。最早在2008年11月1日，日裔美国人中本聪发表了《比特币：一种点对点的电子现金系统》一文，在文中阐述了P2P（点对点网络借款）网络技术、加密技术和区块链技术等电子现金系统架构理论。2009年1月3日，全球第一个序号为0的创世区块诞生。1月9日，序号为1的区块面世，之后两区块形成链，标志着比特币的正式诞生。随后，区块链技术不断成熟，发展成为第二代可编程区块链。

以区块链为支撑的比特币具有五大显著特征：其一，它具有去中心化的功能。因为它不是依赖第三方管理机构或支付平台的硬件设施来运行的，更没有中心化管理机制，主要靠自成一体的区块链本身来维系运行，并通过分布式核算和储存方式来运行，能够使各个节点的信息实现自我验证、传递和管理，具有较强的自我约束能力，形成了一种自律机制，这是区块链最为本质的特征。其二，具有全透明的开放式特点。因为区块链技术的基础是开源性的，区块链数据对所有人都是开放的，谁都可通过公开的信息接口查询或抄

录区块链数据及开发相关的应用程序，除少数私有信息加密之外，整个系统信息是高度透明的。其三，具有高度的独立性。由于整个区块链数据系统不依赖任何第三方机构，所有节点能够实现系统内的自动安全验证和数据交换，根本不需要任何人为的干预，更不可能有政府干预的痕迹，可以不依赖各国政府而独立地存在。其四，具有相当高的安全性。因为在区块链数据信息系统中，没有谁能做到掌握数据节点的51%，也就无法达到肆意操控或篡改网络数据的可能，这样就能确保区块链数据本身变得相当安全，避免任何人为操作的数据变更。其五，具有较强的匿名性。因为区块链一般不涉及任何国家秘密信息，也几乎没有来自政府的任何干预，仅仅从技术层面考虑，区块链各节点信息不需要公开或进行相关验证，所有信息可匿名传递，这不是初级电子货币所能比拟的。

正是因为区块链技术的这几个重要特征，为数字货币的诞生和发展提供了极大的可能性。全球数字货币近年来发展相当之快，以非法定数字货币为代表的比特币是当前数字货币的绝对主流，但其他名目众多的数字货币在全球范围内也呈现出旺盛的发展势头。常见的有莱特币（litecoin）、狗狗币（dogecoin）、达世币（dashcoin）等等，与此同时，还衍生出了如以太坊（Ethereum）、阿希币（Asch）等底层应用开发平台以及未来币（NXT）、云储币（SIA）、比特股、巴比特（MaidSafe）、瑞波币（Ripple）等行业应用。此外，这个时期还诞生了各种各样的虚拟货币，中国人熟知的虚拟货币就有，百度公司的百度币、腾讯公司的Q币和Q点、盛大公司的点券、新浪推出的微币、侠义元宝（用于侠义道游戏）、纹银（用于碧雪情天游戏），等等，但它们都属于非真实的货币，不是货币当局发行的，不具有法偿性和强制性等货币属性，不具有与货币等同的法律地位，不能作为货币在市场上流通使用，以此作为投资手段不受法律保护。

但这些自发诞生的数字货币，由于区块链去中心化的特征，基本处于无序发展状态，而且其价格波动较大，一些情况下还存在人为炒作的嫌疑，这就给投资者带来较大的不稳定性，稍有不慎就会造成损失。由此可见，这类数字货币的商品性特征较为突出，可以说，既是货币，更是商品和投资品。加之没有受到监管当局管控，对金融市场的稳定及货币体系安全也带来了一定冲击。正是由于这些原因，目前全球绝大多数国家对数字货币的合法地位的态度摇摆不定，有持积极态度的，也有持消极态度的。比如，对比特币比较积极的国家有英国、德国、法国、俄罗斯、以色列等；芬兰、挪威以及新加坡等国甚至已经明确会对比特币相关经济行为进行收税。对比特币持遏制和禁止态度的国家有泰国、印度尼西亚、吉尔吉斯斯坦、厄瓜多尔、玻利维亚、孟加拉等国，这些国家明确认定比特币交易为非法交易。

中国也是全面禁止非法定数字货币交易的国家之一，自2017年10月，国家全面禁止ICO（加密数字货币首次发行募集资金）之后，所有数字货币交易所都退出了中国市场。这是因为曾在中国活跃的ICO由于不受政府监管部门控制，不仅容易形成泡沫让大量游资参与，对实体经济和经济体系形成抽血效应，也会影响货币政策传导，扭曲宏观调控功效，还有可能诱发金融风险，给民众带来巨大的投资损失。ICO刚抬头即引起了中国政府金融监管当局的密切关注，随后出台了强制监管政策，将其消灭在萌芽状态。

三、法定化的国家货币——法定数字货币

正是由于民间非法定数字货币的发展，对全球各国金融市场或货币体系产生了冲击，引起了世界各国政府对数字货币发展态势的关注和重视，并且随着对数字货币认识程度的提高，对待数字货币的态度也发生了转变。

这种转变增强了各国政府对数字货币开发和运用的紧迫感、危机感和使命感，迫使各国政府在数字货币的研发上采取有效措施，让国家信用作后盾的数字货币能够及早面世，最后让各国政府研发的数字货币能够全面取代民间草根式的数字货币，将数字货币真正引入健康发展轨道。

目前，各国在推进数字货币研发上的进展各不相同，有的国家数字货币研发已取得了实质进展，并进入了测试阶段；有的国家正着手研发，刚刚制订出相应的研发措施；有的国家对数字货币的研发，尚处于酝酿阶段或者尚未纳入政府的工作目标。出现这种情形，既有各国技术发展程度、货币金融环境不同等客观原因，也有各国政府对数字货币在未来经济金融发展的作用认识不一致等主观原因。

总体来看，央行数字货币（Central Bank Digital Currency，以下简称“CBDC”）也称法定数字货币，是指中央银行发行的数字货币，本质上与现金相同，属于央行负债，以国家信用为支撑，与法定货币等值。

据国际清算银行2020年发布的其对各国中央银行数字货币的调研报告显示，80%的中央银行正开展相关研究。据Axonomy（区块链投资平台）统计披露，厄瓜多尔（2018年4月停止）、乌拉圭（2017年12月）的央行数字货币已经宣告失败；突尼斯（2015年10月）、塞内加尔（2016年12月）、马绍尔群岛（2018年2月）、委内瑞拉（2018年2月）等4国已发行央行数字货币；瑞典（2017年初）、乌克兰（2019年2月）、立陶宛（2019年2月）、泰国（2018年8月）、巴哈马（2019年5月）、东加勒比（2019年3月）、中国等国家正在推进央行数字货币的研发，目前正处于研究中的国家有挪威、巴基斯坦和加拿大等国家；美国、俄罗斯、德国、日本、欧盟在内的发达经济体对数字货币的研发暂时处于犹豫不决或不明朗状态之中。

尽管目前各国政府对数字货币的态度都不同，但随着科学信息技术不断进步、经济质量不断提升，以及民众对金融生活品质的要求越来越高，尤其是在未来数字货币发展越来越完善，民众的认识度越来越高的时候，各国政府对待数字货币的态度也会随之而改变，总体会趋向于认同国家信用背景的数字货币，到时各国数字货币必将会不断涌现。

近几年，无论是在研发队伍建设，还是研发设计以及各种投资等方面，中国央行在数字货币DC/EP（Digital Currency Electronic Payment）研发上处于全球领先地位，并已取得了令人满意的成绩。据媒体报道，2020年4月16日，央行数字货币在农行内测，深圳、雄安、成都、苏州为试点城市。2020年 8月14 日，商务部正式发布文件，决定在北京、天津、上海、重庆（涪陵区等 21 个市辖区）、海南、大连、厦门、青岛、深圳、石家庄、长春、哈尔滨、南京、杭州、合肥、济南、武汉、广州、成都、贵阳、昆明、西安、乌鲁木齐、苏州、威海和河北雄安新区、贵州贵安新区、陕西咸阳新区等 28 个省市（区域），开展数字人民币试点，这表明未来中国将会有更多城市加入到数字人民币试点行列；2020年10月12日，深圳试点人民币微信红包，总额为1000万元人民币，每个红包200元，5万人中签，可在有效期内在指定商户进行消费，这标志着数字人民币已由内部封闭试点测试向社会逐渐开放，至此，数字人民币全面进入中国社会经济和民众生活领域只是时间问题了。

从狭义角度看数字货币的精髓

上一节，我们从广义角度看数字货币，即把与网络信息技术，尤其是区块链技术密切关联的所有“电子货币”都统称为数字货币。从这个角度看，数字货币像是一个充满神奇感的世界；在非专业人士看来，势必感到眼花缭乱，不知道数字货币到底是什么东西，也根本无从了解数字货币的真实面目或内在灵魂到底是什么？当然也弄不清楚数字货币的基本特征，也无法分清楚电子货币、民间非法定数字货币与法定数字货币之间到底有哪些“天壤之别”。而这一节，我们将观察数字货币的目光收拢，由广角看数字货币转变到聚焦数字货币的基本内核，将数字货币的精髓展现出来，让人们理解数字货币的本质，以便能够准确地认识数字货币的特征，以及在数字货币诞生之后，需要注意的事项，为顺利适应数字货币的全面到来调适心态，做好各方面准备。

从狭义角度看数字货币的精髓，主要从四个方面来把握。

一、电子货币与数字货币有一定的渊源，但没有紧密的联系。

电子货币是通信技术由3G进入4G之后迅速发展的产物，是通过网络信息传播技术，充当交易往来以及日常生活支付的一种工具，是被货币化的“替代品”，其本身不具备货币功能，并不是真正的数字货币，至少在外观感知和支付应用场景上，还没有数字货币使用和流通的环境。

即便如此，电子货币还是提醒了人们，平时运用于经济活动之中的那些花花绿绿的实物货币，是完全可以由网络数字化的“货币”来替代的，这为人类社会将电子货币向数字化推进提供了良好的思路和前进的目标。

所以，电子货币与数字货币具有一定渊源，即电子数字货币是非法定数字货币诞生的一种潜在动机，它为非法定数字货币的诞生和发展提供了可能性和发展方向，同时两者都是信息科技不断发展的产物，没有互联网信息技术尤其是没有区块链等技术的涌现，不仅不会有电子货币的面世，更不可能有非法定数字货币的诞生。换一种角度说，电子货币是一种“表面”形式意义上的数字货币，因为它既没有真正意义上的货币功能，也没有具备数字货币的匿名性、去中心化等数字货币的重要特征；而非法定数字货币则是一种“实质”形式上的数字货币，它拥有数字货币匿名性、去中心化、成本低、交易速度快等最基本的特征。尤其非法定数字货币能真正体现货币的价值尺度，并充当一种特殊的等价交换物，而且还具有一定的“资本属性”，因为参与投资者增多催生需求量的扩大而抬高它的价值，价格在一定时期内往往都具有波动性，比如比特币就明显带有这样的特征。

二、非法定数字货币与法定数字货币有一定的内在联系和区别，但后者的货币性能和科技水平要高于前者。

我们把一些科技公司或个人基于区块链技术“挖矿”而催生的数字货币统称为“非法定数字货币”。这种数字货币在货币数量总额上具有恒定性，即基于区块链技术算法在相当长时间内可能生产出的数字货币数量是一定的，不可能人为扩大或增大其生产数量，更不可能向市场投放更多的数字货币。比特币就是这样一种非法定数字货币。

这样一来，非法定数字货币不会出现滥发现象，不可能因为数量无限扩大，而使数字货币的币值出现严重的贬值现象，这为此类数字货币取得民间广泛认可，以及为民众参与数字货币的投资提供了内在冲动。而且，非法定数字货币由于没有发行机构，也没有政府参与监管，它就具有了去中心化的特征，就是说，民间非法定数字货币不可能因为政府干预而减少或增加它的“发行量”，更不可能因为政府金融监管部门的监管而将其进行回收或者让其退出市场。

这是非法定数字货币与法定数字货币的最本质的区别，因为政府发行的法定数字货币，是根据一定客观经济需要而决定发行数量或规模的，它的技术无论多么先进，都是由中央银行来组织研发；其功能的升级或完善，或者退出市场，政府都是可以掌握的。所以法定数字货币是不可能离开国家而存在的，它的管理中心永远是国家的货币管理机构。

同时，非法定数字货币具有匿名性、流通便捷性以及保密性等特征，这也正是政府数字货币所追求的目标，并为政府发行数字货币提供了很好的思路，法定数字货币正是围绕这些特征来进行研发的。总之，非法定数字货币可以看作是法定数字货币的先行者，没有非法定数字货币的出现，法定数字货币不可能这么快地出现。

然而，尽管两者具有较强的内在联系，但非法定数字货币与政府发行的法定数字货币相比，仍具有较大的区别。比如在安全性方面，法定数字货币比非法定数字货币的要求可能更高，安全性能也更好，因为法定数字货币并不是使用区块链分散化的技术特点，它是结合一定的中心管理机构来处理数据，具有当今最为先进安全的加密技术，一般不会存在泄密的可能。而非法定数字货币由于缺乏一个中心管理机构，往往有可能因为信息泄密而使一些投资者的数字货币具有被盗的危险。

此外，一国法定数字货币在“流通”或“使用”范围上可能比不上非法定数字货币。因为非法定数字能够流向全球任何国家的任何角落，而一国法定数字货币流通或使用的范围将受到一定限制，最初应该主要在国内发行使用，之后随着技术成熟或防泄密能力提高而流向国际金融市场，充当全球金融工具。当技术足够成熟，且政策允许时，也可让其他国家的民众掌握一国数字货币的账号和密码，从而能够使用一国政府发行的数字货币。但非法定数字货币没有得到各国政府普遍承认，不可能充当国际货币并参与国际经贸结算，理论上永远也不可能进入各国政府的外汇货币储备体系。比如，目前中国央行研发出的数字人民币（DC/EP）就是结合非法定数字货币的特征而开发出来的，它不仅能体现流通实物货币的基本功能，而且在变革货币体系、维护金融稳定、促进全球贸易往来等方面都会发挥重大作用。

三、对各国法定数字货币基本内核进行精准定位，不能混为一谈。

从发展趋势看，各国政府发行的法定数字货币未来必将代替现在流通中的一部分实物货币，具有严格的法偿性。但是，不能因为各国发行的数字货币都是货币，就将其混为一谈。这是因为，尽管各国发行的数字货币在本质上都是具有相同信息技术性能的数字货币，但它们之间是有较大区分的。

一是各国数字货币在网络数字表现形式上是不一样的，会有不同图案，这是各国法定数字货币的明显标志。目前，各国推出、研发或酝酿中的数字货币图案，大部分会参考当前各国实际使用的货币图案，使得各国的数字货币显得丰富多彩，跟现实中各国流通的实物货币是没有太大区别的。比如，中国央行正在测试的数字货币图案，以毛泽东主席的头像为主。

二是各国数字货币的信用背景是不一样的，所代表的货币购买力也不一样。无论是各国现实流通中的实物货币，还是正在研发和已经推出的数字货币，都是国家经济实力的象征，它代表的是实物货币购买能力。比如数字人民币就会比南美、非洲一些经济不发达国家发行的数字货币购买力要高。

三是各国数字货币在防信息泄密、防偷盗的技术上也会有一定差异。从一般意义上看，各国数字货币防伪保密防盗能力都是比较可靠的。但是由于各国具有不同的科技实力，在数字货币上的各种

“能力”还是存在差异的，不可能完全划等号，通常来说，科技实力雄厚国家的数字货币安全性会更高。

四是各国数字货币在国际上受重视或欢迎的程度也是不一样的。随着时间推移，未来发行法定数字货币的国家会越来越多，但由于不同国家的政治、军事、经济实力不一样，赋予数字货币的价值表现能力、币值稳定性、全球金融市场影响力等方面都会有很大的差异。少数国家发行的数字货币会成为世界货币体系的重要组成部分，成为国际外汇储备构成的主要货币，而大部分国家的数字货币很少在国际结算、经贸往来中使用。

五是流通使用范围也会不一样。由于本国经济实力及其在全球经济影响的程度不同，使得不同国家发行的数字货币在币值上存在较大差异。一些经济强大的国家的数字货币，有可能成为未来全球经济金融发展进程中的主流数字货币，并逐渐流向全球，如同现在的美元一样。比如，中国央行正式发行数字人民币之后，随着中国经济实力继续增强，数字人民币有可能成为引领世界潮流的主要数字货币。而一些经济实力弱或经济落后国家的数字货币，很难被其他各国政府或民众所接受，很难流向国际金融经济领域，只能在本国范围内流通使用。

六是各国数字货币之间同样也会形成冲击。数字货币与现实中流通的货币一样，随着世界经济金融融合的日益增强，数字货币相互间的联系也会日益紧密，并通过汇率表现出彼此之间的价值升跌幅度，一个国家（或一批国家）的数字货币处于升势，则表示另一个国家（或一批国家）的数字货币处于跌势；而且一个币值稳定且币值较高国家发行的数字货币越多，也将对其他国家的数字货币造成冲击，使得其他国家的数字货币不断升值。

四、对各国法定数字货币保持客观而冷静的态度，不宜盲目全面肯定或否定。

当前，全球有80%以上的国家已经正在研发或酝酿发行数字货币，对于这种政府发行数字货币的现状，更多的是顺应客观经济金融和信息技术发展的规律，我们既不能对数字货币的到来熟视无睹，缺乏时代紧迫感，也不能操之过急，希望全球各国都进行数字货币的研发、推广和使用。也就是说，对待数字货币，要避免走入两个极端：既不能将它的功能或作用吹上了天，认为它全是优点，出现盲目推崇倾向；又不能认为数字货币技术尚未全面成熟、或者数字货币有可能存在某些方面的缺陷，而对数字货币全面否定，出现因噎废食的倾向。

同时，我们应该对政府发行的法定数字货币保持客观冷静的态度，对其功能或作用有一个基本准确的定位：（一）它是法定货币，与现行流通的实物货币具有同等价值功能，也可等同于现行经济生活中的基础性流通货币，也可理解为现金M_0。比如，目前中国央行拟推出的数字人民币在很大程度上就会充当基础货币M_0的作用，就是流通中的现金。（二）它是受到政府高度约束的，其发行数量、开发升级程度、防偷盗功能等都由专门的货币监管部门掌握，民众不用担心发行泛滥而导致通货膨胀和货币贬值，同时也不用过度担心法定数字货币的安全性，因为法定数字货币是基于央行掌握的先进研发技术而诞生的，其安全性是非法定数字货币所无法比拟的。

总之，法定的数字货币，是以国家信用为基础的货币，这是与非法定数字货币的根本区别，也是未来数字货币发展的必然方向，其他一切不受政府承认的数字货币是注定没有生命力的，并随时有被淘汰出局的可能。

数字货币的基本特征

由于当前数字货币以法定与非法定两种身份（形式）出现，我们认识或描述数字货币的基本特征也以两种形式来进行。

一、非法定数字货币的特征

由于非法定数字货币是一种基于节点网络和数字加密技术算法而诞生的虚拟货币，其核心特征主要表现在如下几方面：首先，非法定数字货币来自于某些开放式算法，没有发行主体，不需要任何人来对它的发行或安全进行监督。其次，因为算法确定，数字货币发行的总量是相对固定的，没有任何机构或个人能人为操纵它的发行数量和加快它的发行节奏，不会引发虚拟数字货币的泛滥，更不可能因此而导致通货膨胀。最后，因为其交易过程需要网络中各节点的认可，非法定数字货币交易过程及其结果是非常安全的。

具体来看，非法定数字货币的基本特征表现在三个方面：

1. 交易成本非常低

众所周知，传统银行转账、汇兑等方式，不仅需要可靠的资金交易渠道，更需要向第三方支付“交易”费用，这样看来非法定数字货币交易成本相对较低，尤其相较于收取较高跨境手续费的服务供应商，非法定数字货币的交易费用就更显得微不足道了，这也是各种数字货币得以诞生的内在需求，因为人们总是在交易中“驱利避害”，追求交易成本最小化和交易利益最大化。

2. 交易速度非常快

数字货币是现代信息技术飞速发展的产物，人类每一种货币形式的诞生与货币形态的更替，都是信息技术孵化的产物。区块链技术的诞生为数字货币的诞生提供了“土壤”，更为数字货币全面渗透进民众生活提供了“养分”。因为数字货币所采用的区块链技术具有彻底的、坚固的去中心化特点，它不需要任何类似清算中心那样的中心化机构或央行交易系统来处理数据，省去了许多中间环节，使得数字货币交易处理速度非常之快捷，一般只需要进入网站输入自己的登录名点击一下键盘就可实现交易，资金即可飞向地球任何一个交易者手中。

3. 匿名性非常高

我们知道，传统银行机构或第三方支付机构进行资金，都属于实物形式的货币支付，尽管现在银行办公实现了一定程度的智能化，让资金汇划进入了较高的电子化水平，但每个环节都有经办人员负责具体操作事宜，，环节相对较多，程序也相对复杂，这样资金交易的“保密性”就相对降低，尤其是资金拥有者的身份根本无法绕过银行或第三方支付机构。

而数字货币无论相对传统银行汇划，还是电子支付方式，由于其支付形式是远程的点对点支付，所以它不需要任何第三方作为中介，也不需要具体经办人员的操作，交易双方在可以知道、也可以不知道的状态下依据网络信息来完成交易，根本无需考虑双方是否熟悉或认识，更不需要双方的信任。很明显，这种形式具有高度的匿名性，可有效保护交易者的隐私，不让交易者“露富”。但这种交易方式也有缺陷，就是可能会为网络犯罪分子犯罪创造出条件，也容易被洗钱和其他犯罪活动所利用。这是数字货币存在的最大隐患。

二、法定数字货币的特征

法定数字货币与非法定数字货币既存在内在的相似性，具备一般数字货币的基本特征，同时它又与非法定数字货币存在根本性的区别。就是说，法定数字货币除了具备非法定数字货币的交易成本低、交易速度快以及安全性高等三大特征之外，它还有其他七大特征：

1. 是超越区块链技术之上的高科技结晶

由于法定数字货币并不局限于使用区块链技术分散化的特点，且具有高度安全等性能，不可能被轻易泄密或窃取，民众使用起来较为放心。也就是说，法定数字货币在发行与流通，以及民众交易支付结算过程中都受到多方面的信息技术监督。比如，中国央行拟发行的数字货币就没有采用去中心化的区块链技术，而是央行技术团队自己开发的基于中心化管制的基础技术架构，保证了数字货币同现有金融管理体系的无缝对接。

2. 是国家法定的数字货币

法定数字货币具有法偿性，即等价于该国家的法定货币，这样的数字货币可以偿还该国境内的一切公共的和私人的债务，任何单位和个人不得拒收，在该国任何交易环节都可“流通”和使用。目前，脸书（facebook）推出的天秤币（Libra）属于一种加密数字货币，已获准在美国提供某种形式的转账服务，合法身份有可能被认可，但难以成为美国官方的数字货币；中国处于试验阶段的法定数字货币数字人民币（DC/EP）即将发行，中国有可能成为全球首批发行数字货币的国家。

3. 坚持中心化的管理模式

这是法定数字货币与非法定数字货币的根本性区别，非法定数字货币追求去中心化，因为没有发行机构，也没有国家信用作后盾，其发行量虽然是固定的，但其根本目的是不受到官方发行制度和监管行为的约束。而法定数字货币则始终坚持央行发行和管理这一核心，所有数字货币发行的规模、节奏及其监管都由该国的央行来进行调控。

4. 具有不同的目的性

非法定数字货币的目的主要是为全球货币财富拥有者的“流通”或交易提供方便，但并不能赋予其反洗钱、防偷税漏税及金融防恐等方面的功能；而法定数字货币则正好相反，除了追求交易快捷安全、以及降低货币流通费用，让货币更具有反假作用之外，还要追求货币的反洗钱、防偷税漏洞以及金融防恐等方面的作用。由于数字货币都通过网络流通与交易，使得货币交易更加具有用钱的“痕迹”，也能使货币交易更加具有可追索性，好像给货币管理部门安装了“千里眼”和“顺风耳”，一切交易支付都不可能逃避该国货币管理机构的监管，一切借助货币所进行的违法犯罪行为都不可能逃脱被惩罚的命运。

5. 发行方式不一样

非法定数字货币发行没有一个固定的发行机构，是一种由数字算法诞生的“天然货币”，它发行的方式也是相对简单的，通过算法产生之后便可在某一个网站上进行“买卖”投资，当然有的可能与官方货币挂钩，有的可能不挂钩。而法定数字货币通常由该国央行将发行的数字货币兑换给该国商业银行或其他机构之后，再由这些机构兑换给公众，公众可以凭借“一人一行一卡”等模式“领取”，实名登记。比如中国央行即将发行的数字人民币（DC/EP）就会采取这种方式。具体可称之为“一币二库三中心”：“一币”即法定数字货币；“二库”即数字货币发行库，商业银行库；“三中心”

即认证中心、登记中心、大数据分析中心。

6. 稳定性能不一样

非法定数字货币因受投资者追棒的程度不同而价格不同，市场价格变化很不稳定，时常暴涨暴跌。比如，1枚比特币一个月之内可能会涨到10000美元，也有可能几天之内降至8000美元，这样的数字货币波幅巨大，极不稳定，不可能成为民众广泛使用的数字货币。而法定数字货币因为是一国央行根据经济运行情况来发行的，数字货币量始终与经济增长速度、物价水平保持一致，使其在保持实体经济及民众需求的同时，能够保持币值稳定，保护广大民众的金融利益。

7. 具有较强的国际开放性

一国央行发行的数字货币不仅可以“流通于”本国各种商业交易活动，也可充当“国际支付手段”，即与实物货币一样可成为一种有效的世界货币，更可成为其他国家的外汇储备。由于其技术上的加密能力较高，在充当世界货币时不存在泄密和被盗等安全风险事故。比如中国央行拟发行的数字人民币就采取了三级加密手段，具有央行主密码、系统随机基本加密和发行国家央行私钥加密密码等，可有效搭建一个允许其他国家基于央行数字货币公链上发展自己国家的新国际金融体系，这个体系具有开放性和开源性，这也是中国数字人民币走向世界的关键。

非法定数字货币的前世今生

数字货币相对人类实物货币的历史来说，还是相当短暂的，并且其前世离我们并不遥远，今生也让我们亲身感受了它的魅力。目前趋于一致的观点是，数字货币的前世与今生是以比特币的诞生为分界线的，通过简单划分，我们可将比特币诞生之前的数字货币称为非法定数字货币的前世，将比特币诞生之后的数字货币称为非法定数字货币的今生。

一、非法定数字货币的前世

人类早在20世纪80年代末就已经创造了数字货币，仔细算来，数字黄金货币、密码货币以及其他以信用卡为基础的数字货币，其种类可以达到上百个。

早期数字货币的简单形式就是付款方在付款时，向收款方签发一张包括金额和银行签名的电子卡片，这类似于银行早期的信用卡，尽管电子卡片在防人为复制等方面做得比较到位，但没有解决个人隐私问题。

第一阶段，主要是解决数字货币的个人隐私问题。1982年，密码学家大卫·乔姆提出的“盲签名”技术解决了这个问题，人类历史上第一种数字货币——数字现金（eCash）便由此诞生。严格意义上说，eCash并不是一种数字货币，但它可以让传统货币以完全数字化的形式，在网络上自由地、匿名地传递和“流通”。

大卫·乔姆为将数字现金（eCash）商业化，于1989年创立了公司DigiCash，但1998年宣布破产，具有革命性的eCash就此终结。其失败的主要原因在于匿名交易难以获得银行和监管的支持。

第二阶段，金本位崩溃后，由于一些国家政府滥用货币发行权引发了恶性通胀，让很多金本位支持者再次呐喊恢复金本位制。1996年，金本位的支持者、肿瘤学家道格拉斯·杰克逊创立了公司e-gold，e-gold主要是锚定黄金，将e-gold与法币兑换，并可在不同客户间进行e-gold的直接划转，具备支付功能。可是好景不长，e-gold系统的匿名性为东欧黑客洗钱提供了犯罪基础，再加上后来平台持续遭遇黑客攻击，最终因政府施加压力导致破产。从表面上看，e-gold失败是洗钱犯罪导致的，但实质是它始终无法离开一个中心化的机构来运作，这使得数字货币受到了较大的制约。

同时，Camenisch等人和Frankel等人分别独立地首次提出了公平的离线电子现金的概念，公平电子现金中用户的匿名性是不完全的，它可以被一个可信赖的第三方撤消，且可以防止利用电子现金的完全匿名性进行的犯罪活动，比e-gold前进了一大步，但依然只具备数字货币的雏形，始终无法完全克服一个重大的“双重支付”的技术难点，使得这种数字货币还无法在全球范围内流通。

第三阶段，数字现金（eCash）和数字黄金货币（e-gold）失败主要缘于无法摆脱中心化机构运作，但这个时期人们就有了明确的去中心化想法。正是在这种内在动机驱动下，1998年，密码朋克Wei Dai（戴维）提出了匿名的、分布式的电子加密货币系统——B-money。“数字加密货币”的概念便应运而生。

然而，由于B-money并没有找到合适的共识机制，缺乏广泛的支持，最终因没能得到实际推广运用而胎死腹中，但它最大的贡献是提出了数字设计理念及背后的分布式记账技术；尤其是去中心化的结算架构、匿名交易、点对点网络这些比特币的精神内核，在B-money中已经全部显现，为之后众多数字货币都采用的分布式记账奠定了坚实的基础。

同期，还有出现了1998年的beenz.com，1999年的Flooz.com，以及RPOW等多种电子货币，但均未获得成功。它们或者是去中心化程度不够，或者是加密协议不够完善，或者因为某些原因无法实现货币创造，在现实的面前统统都无法逃脱失败的命运。

第四阶段，到了2004年，转机终于来了，当年密码学家哈尔·芬尼（HalFinney）把哈希现金算法，改进为“可复用的工作量证明机制”（Reusable Proofs of Work）。它被用于比特币出现之前的一系列数字货币实验。2005年，尼克·萨博提出Bitgold设想，引入PoW共识机制，以新币奖励作为挖出区块的奖励机制，成功地解决了“账本一致性”和“货币生成”难题。此时，Bitgold已经非常接近比特币，但由于尼克·萨博并不擅长编程，也没有使Bitgold华丽转身为真正的数字货币。

二、非法定数字货币的今生

2008年，在全球金融危机蔓延的大背景下，日裔美国人中本聪于2008年发表了一篇名为《比特币：一种点对点式的电子现金系统》（Bitcoin: A Peer-to-Peer Electronic Cash System）的论文以及开源的第一版比特币客户端，描述了一种被他称为“比特币”的电子货币及其算法，宣告了比特币的诞生，同时也意味着区块链技术正式出现。2009年，中本聪发布了首个比特币软件，并正式启动了比特币金融系统。当年1月3日，中本聪挖出了比特币区块链第一个区块，即创世区块，第一个比特币就此问世。到了2010年，中本聪逐渐淡出并将项目移交给比特币社区的其他成员。中本聪或持有约一百万个比特币，这些比特币在2013年底时的价值超过10亿美元。

然而，随着关注比特币的人越来越多，其缺陷也逐渐为世人所认识，目前来看，主要是五大缺陷：

一是交易速度缓慢。比特币出现之后，无论是每秒单笔交易的处理速度还是并发交易速度，一般只有2万至3万笔，这与支付宝每秒单笔交易几万笔和每秒处理峰值高达二三十万笔相比，如同马车与火箭之间的速度对比，而且当比特币交易量暴增时，更会出现严重拥堵现象。这与发明之初所想象和要求的距离真乃天壤之别，也给比特币全面推广带来了较大障碍。且其承载数量也相当有限，因此比特币难以成为大规模支付手段。

二是交易成本较高。通常，比特币区块的大小一般计量单位为

1M，矿工最多打包1M的交易记录，之外的交易就需要排队，只有提高交易费在后面被排上的几率才会越大，而费用过低，则没有矿工打包交易。尤其，在交易中如果转账人数过多，造成网络拥堵时，矿工的打包顺序往往又根据手续费多少来决定，这就必然会抬高手续费，无形之中加大了比特币交易的成本，这让不少投资者无法接受。

三是有诱发通缩的可能。因为非法定数字货币创造者中本聪从一开始就对数字货币的发行总量进行了限制，设定为2100万比特币发行总量。这与现实经济社会发展与民众需求的比特币数量可能存在较大差距，会导致现实经济生活中出现“一币难求”的现象，实际上不利于推动经济发展，还有可能诱发通货紧缩，即市场上流通的货币量少于商品流通中所需要的货币量而引起的货币升值、物价普遍持续下跌的现象，这对社会经济发展会带来不利影响。

四是带来一定的安全性隐患。参与比特币交易与投资的客户，如果自己的移动设备丢失、或者计算机损坏了，比特币就有丢失的危险，尤其是在线钱包也有可能会遭到黑客攻击，或交易平台被人为卷款跑路时，风险很大。这些风险都可说是比特币存在的致命缺陷。

五是有可能导致隐私泄露。根据比特币的交易规则，虽然用户是可以匿名进行的，但比特币交易的节点信息则是完全公开的，以至于黑客可以通过IP地址、MAC地址等手段挖掘出用户的真实身份。

针对比特币交易系统速度慢、成本高等缺陷，民间又有机构（人）对比特币的技术架构进行了相应改造和升级，各种比特币的替代品也被大量开发出来，这里可称之为山寨币（altcoin）。比如2011年10月，美籍华人李启威创建的莱特币，就在比特币的基础上，做了多处改进，并赋予了莱特币流通价值和落地场景，这是莱特币区别于其他山寨币，支撑其市值的重要原因。

到了2018年2月，莱特币推出其专属支付系统LitePay，将莱特币从网络世界带入到真实世界，通过LitePay，可以允许企业在世界任何地方接受莱特币支付。

2019年1月，鲍勃摩尔汽车集团的俄克拉荷马城经销处开始支持客户用莱特币支付购买汽车。2月，莱特币又宣布和移动加密支付应用公司Spend确定合作关系，增加了莱特币支付的应用场景。

虽然“山寨币”在比特币的基础上修修补补，但仍然无法从根本上解决比特币及其区块链“功能单一”的缺陷，而当区块链从1.0至2.0再到3.0的时候，其核心理念发生了变化，即不仅仅把区块链作为一个去中心化的数字货币支付平台，而是通过增加链上的拓展性功能建立各种去中心化的商业模式。这时充当价值载体的新型数字货币——“通证或代币（token）”便随之诞生。比如以太币就是区块链2.0时代的产物，2014年7月，维塔利克·布特林（VitalikButerin）创立了以太坊，它从设计上解决了比特币扩展性不足的问题，让所有开发者都可根据自身需要，在以太坊上建立自己的应用并发行代币，自行开发不限场景的非中心化应用

（DApp）。同时，以太币打破了比特币功能单一、主打记账等功能，创造了可编程、运行小程序、加入了“智能合约”等功能，但这时的以太币依然有非常明显的局限性，一方面网络吞吐量每秒仅在15次至20次之间，没有完全解决网络拥堵问题，不利于网络转账和确认。另一方面，可拓展性不足，不能支撑大量或更高级的程序运行。

还有一个更大的困扰是随着区块链数字货币种类的不断增长，不同币种之间直接交易难度不断上升；而且，随着数字货币应用场景的拓展和使用人群的扩大，币值波动性巨大的传统数字货币难以满足公众将其作为交易媒介的需求。

非法定数字货币蓬勃发展，也给正规金融市场带来一定影响，引起了各国金融监管机构的关注。比如2017年9月，中国央行等七部委就联合发布了《关于防范代币发行融资风险的公告》，将ICO（加密数字货币首次发行募集资金）定性为非法融资行为。

到了2019年6月18日，世界最大社交网络公司——脸书公司（Facebook）发布了《Libra白皮书》，Libra（天秤币）以区块链技术为基础，以一篮子银行存款（包括美元、英镑、欧元、日元等法币）和短期政府债券为储备资产，为Libra（天秤币）稳定币增加信用，最大限度地降低币值波动风险，其使命是“建立一套简单的、无国界的货币和为数十亿人服务的金融基础设施”。这套基础设施由技术体系、价值体系、治理体系共同搭建而成。

Libra（天秤币）的推出，在私人数字货币体系中有着里程碑的意义。

它构建了严密的价值体系。Libra（天秤币）以一揽子银行存款和短期债券作为资产储备，进一步保证币值稳定。Libra（天秤币）选择一揽子银行存款和短期债券作为资产储备，能够避免像USDT一样受单一货币价格变动的影响，出现币值剧烈波动的问题，Libra（天秤币）锚定多种资产且会定期调整资产构成，以达到最大程度的币值稳定；同时，这种做法避免Libra（天秤币）受限于货币当局和政府的压力，限制其未来发展。

它还形成了自己有效的治理体系。Libra（天秤币）由Facebook（脸书）发起，为实现去中心化，由Libra协会进行发行管理。目前，Libra协会包含28个成员（根据白皮书，正式发行时成员将达到100个左右），覆盖支付、区块链、电信等多个行业。每个协会成员代表区块链网络中的一个节点，共识机制采用BFT机制，即只要有2/3以上的节点正常即可保证网络正常运行。

Libra（天秤币）已拉开了非法定数字货币高级时代的序幕，它凭借技术和币值稳定优势，可以降低跨境支付成本、助力全球普惠金融。但Libra（天秤币）本身也蕴含风险和不确定性：一是它有可能会冲击现存的世界货币体系；二是可能成为未来超主权货币的潜在竞争者，或者会替代部分中小国家的主权货币；三是有可能提供更加便捷的外汇兑换渠道，加大外汇管理难度；四是有可能冲击各国政府的货币政策；五是数字货币由于没有政府管制，更容易被犯罪组织、黑市所利用，大幅增加反洗钱和反恐的难度。

正是因为这些问题，各国监管机构普遍对Libra（天秤币）持中性或消极态度。目前，除了美国、法国采取中性态度之外，欧洲、印度及中国等经济体都采取消极应对的态度，这对Libra（天秤币）的流动及其业务开展很不利。

说到这里，非法定数字货币的今世基本结束了。可以看出，民间草根科研机构和个人在数字货币的产生上功不可没，从1982年的eCash（数字现金）到2008年的比特币，密码朋克们用了26年，创造出了真正改变世界的加密数字货币。同时，比特币的底层技术——区块链，正在成为超越比特币的存在。区块链对于人类社会的改造，现在才刚刚开始。

现在，虽然非法定数字货币没有全面收场，也正在争取它们在货币金融市场上的合法地位，但由于各国法定数字货币已然兴起，可以预见，在不久的将来，法定数字货币将会成为世界数字货币的主流，非法定数字货币将会受到进一步挤压，生存空间也将越来越小。

第二章

令人眼花缭乱的数字货币

DIGITAL
CURRENCY

目前，法定数字货币与非法定数字货币相互交替，行进在人类货币历史的道路上，两者正在进行一场殊死较量，但在一般人看来，法定数字货币与非法定数字货币之间的“秘密”让人难识庐山真面目。为让大家弄清楚两者之间的区别，下面我们将逐一揭开两者的神秘面纱，让人们看清两者的真实面目。

数字货币与虚拟货币的异同点

本书不是围绕数字货币与虚拟货币技术层面的问题展开探讨，而是侧重围绕数字货币与虚拟货币的表现形式、价值形式等来界定和描述它们之间的关系。

从货币表现形式看，虚拟货币的范围比较宽泛，虚拟货币是指在网络世界产生的可以交易的货币，也可以和现实货币挂钩兑换，它的交易范围有限且无人监督交易行为，定价方不是货币本身而是企业，例如Q币、Q点、各种游戏点券等。

而数字货币公开透明可以在全世界兑换实体货币，也可以现实转账，交易行为受所有投资者监督。同时数字货币是电子形式的替代货币。比如数字金币和密码货币都属于数字货币（DIGICCY），数字货币通常由开发者发行和管理，被特定虚拟社区的成员所接受和使用。

下面分非法定数字货币与虚拟货币、法定数字货币与虚拟货币两种形式来探讨它们之间的异同点：

一、非法定数字货币与虚拟货币的异同

1. 两者的相似之处

其一，两者含义基本相似。两者都被称为货币，货币的核心属性都相同，即都有一定的价值尺度和流通手段特征，都可被视为名义上或形式上的货币，都可以用来进行网络购物或用于交易支付，尤其是数字货币还能被用于真实的商品交易，而不仅仅局限在网络游戏中，所以它更接近于真正的货币。

其二，两者标准化、便利性基本相似。两者的诞生其实都是为了对货币价值尺度和流通手段进行优化，这让两者在价值尺度和流通手段上具有相同性。数字货币的本质要求就是让现实货币通过网络信息技术来体现它的价值形式与流通手段，给人们带来标准化的货币，同时也带来一定的货币流通便利性。

其三，两者作为价值尺度相同。都是依据一定的换算方法把其他一切商品的价值用一定数量的货币表现出来，这样就在一定程度

上形成了货币形态的标准化，也就是形成了一个货币“单位”，使货币在人类大脑中产生一定直观的印象。

其四，两者都不是真实的货币。虽然两者都被称货币，但都不是真正的货币，离真实的货币还有很远的距离，也就是不能真实地替代现实中流通的实物货币。而且，虚拟货币大多只能在游戏充值、购买装备道具时使用，不能进行线下支付。

2. 两者的不同之处

一是概念不同。非法定数字货币是一种受制约的、数字化的货币，是电子形式的替代货币。虚拟货币是电子商务的产物，并非真实的货币。

二是类型不同。非法定数字货币以比特币为代表，总量较小，且为不可无限制造类型的货币。而虚拟货币有游戏币、门户网站或即时通信工具服务商发行的专用货币（如Q币）和虚拟货币（如宝贝货币）等类型的货币。

三是特点不同。非法定数字货币具有无集中发行方、总量有限、使用不受地域限制和匿名性的特点。虚拟货币则具有不能兑换法定货币、可在虚拟网络中购物的特点。

四是发行方式不一样。虚拟货币企业可以自由发行，而非法定数字货币，比如比特币就无法发行，也没有技术能力发行，非法定数字货币是民间机构（或个人）基于比较复杂的区块链算法而创造的，其产生的过程较为复杂。

五是发行规模不一样。虚拟货币发行的数量可由企业或发行人根据需要无限制地发行，规模可以较大，而非法定数字货币则基于一种固定的区块链算法，产生的货币数量相对固定。

六是适用范围不同。非法定数字货币可在全球各国的各个领域进行“流通使用”和投资，一般没有地域限制；而虚拟货币流通使用范围往往比较狭小和固定，不能随意在全球流动，超出一定流通使用范围就没有价值了，也不会为人所接受。

七是两者性质不一样。虚拟货币并非真正的货币，也不是真正的数字货币，因为它不具有数字货币的基本特征，有些像“代金券”性质。而非法定数字货币，比如比特币则具有数字货币的最一般特征，它是数字货币发展的高级形式，它为推动各国政府加速数字货币研发提供了理论基础和实践思路，是法定数字货币的“鼻祖”。

八是两者诞生的背景不一样。虽然两者都是互联网信息技术发展的产物，但虚拟货币相对简单，技术属性不复杂，而非法定数字货币则对技术要求相对较高，是区块链技术出现之后的产物。具体看，非法定数字货币是由数据生成的，以电子形式存在的货币，它具有货币的功能，可以被用来交易，并具有一定的价值。而虚拟货币是一种数字货币类型，通常由其创建者控制，并被特定的成员所使用和接受。

九是两者管理方式不一样。非法定数字货币发行没有管理机构，其形式就是去中心化；而虚拟货币是由发行企业来管理的，其防伪技术、真假甄别、回收等都可由发行企业来负责管理的。

十是两者体现的价值形式不一样。在虚拟与现实之间，虚拟货币具有一定的现实价值，而非法定数字货币则被定义为一种虚拟商品，不具有与法定货币等同的法律地位，不能作为货币在市场上流通使用，数字货币最主要的存在形式是“投资产品”而非真实流通使用。

二、法定数字货币与虚拟货币的区别

法定数字货币与虚拟货币跟非法定数字货币与虚拟货币之间的区别更大。这里所说的非法定数字货币主要是民间机构或组织通过自发形式研究与推出的数字货币，广义上包含比特币、莱特币、微盟币、狗狗币、瑞泰币、瑞波币等数字货币，但法定数字货币则范围狭小得多，仅指由各国政府部门发行的数字货币，除此不可能有其他的存在形式。由于非法定数字货币与法定数字货币两者诞生的背景不一致，虽然两者有一定内在联系，但相互之间的差距很大。

正因如此，使得法定数字货币与虚拟货币之间的差距也很大。虽然虚拟货币在表面形式上与法定数字货币都可称为广义的数字货币，但内在本质上却有根本区别。

法定数字货币除了具有非法定数字货币与虚拟货币之间所有的不同之处外，最明显和最本质的区别主要表现在五个方面：

其一，两者充当货币的真实性不一样。央行发行的数字货币是法定货币，具有法偿性和强制性，任何企业单位和贸易领域都不能拒绝，需无条件接受，因为它本身就是真正的货币，具有货币价值尺度与流通手段的职能。而虚拟货币不是真实的货币，它只是一种货币的替代品，需要用真实的货币去购买或兑换，然后才具有“价值尺度”与“流通功能”，如果脱离一定条件或超出了一定范围，它也难以发挥货币功能。

其二，两者发行对象不一样。法定数字货币发行具有唯一性，即其发行只能由各国政府的货币监管部门执行，其他任何机构或企业都不能发行数字货币。而虚拟货币对发行单位的要求则相对简单，各类经济组织，甚至个人等都可发行虚拟货币，而且未来随着社会经济发展，发行虚拟货币的经济组织会呈日益增加态势。

其三，两者适用范围不一样。央行发行的数字货币不仅可在国内流通使用，也可充当国际货币，成为国际贸易与结算的工具，一个国家如果经济实力强大和稳定，其数字货币在全球就享有较高信誉，也会为全球各国所接受，广泛用于结算支付，还有可能成为外汇储备主货币。而虚拟货币不仅不能在全球范围使用，即便在国内也受到较大的限制，一种虚拟货币无论多有声誉、价值多稳定，都无法成为世界货币。

其四，两者种类不一样。央行发行的数字货币，除了各国政府确定的图案或形式有所区别之外，其本质就是数字货币的特征，一国发行的数字货币也具有统一性。而虚拟货币则可能有高达成百上千甚至上万种，根本不具有统一性。就拿中国来说，目前涌现的虚拟货币也是琳琅满目，比较知名的虚拟货币就有百度公司的百度币，腾讯公司的Q币和Q点，盛大公司的点券，新浪推出的微币、侠义元宝和纹银等。

其五，两种防风险的能力不一样。各国央行数字货币都是高级信息技术的产物，经过反复研究和测试，取得成熟经验之后才会推广使用，而且都建立了严密系统的防控体系，能有效防范信息泄漏风险，防止客户的“钱”被偷盗和被攻击。

而虚拟货币由于其发行机构的局限性及其信息技术的制约，在防信息泄露及偷盗等方面存在不少疏漏，容易被其他不法组织或个人攻击，使得虚拟货币存在较大的风险，给不少使用者或投资者带来较大风险。从目前来看，虚拟货币主要存在六方面风险：一是容易出现炒作风险，主要是利用商业积分系统进行炒作；二是一些不法分子打着虚拟货币进行传销诈骗，使政府监管难以到位；三是虚拟货币具有洗钱风险，匿名交易容易被不法分子利用；四是各国政府不承认它的合法身份；五是黑客攻击，虚拟货币存在丢失风险；六是虚拟货币平台存在被盗风险。2016年6月20日，据新华社披露的消息，《纽约时报》报道，美国一个实验性基金本来为了展示其虚拟货币安全可靠，不会被盗，接受了世界各地的投资者投资，共向该项目注资1.6亿美元。然而，仅隔一天，该基金的以太币就被盗了，不明身份的黑客于17日攻破了这个实验性基金，使总价超过5000万美元的以太币“不翼而飞”，这相当于该基金的三分之一。

普通人眼中的数字货币与虚拟货币

据统计，目前全球80%以上的国家对法定数字货币呈跃跃欲试之姿。但在此之前，各国对数字货币和虚拟货币的态度各不相同，有支持的，有默许的，也有打压禁止的，正因为这种“不同政见”，才使得数字货币和虚拟货币长期处于无序生长之中。各国政府的态度如此飘忽不定，一般普通民众对待数字货币与虚拟货币的态度更是千差万别。

一、普通人眼中数字货币与虚拟货币的模样

目前来看，全球普通民众中对数字货币与虚拟货币总体形态有全面深度了解的只是极少数。可以说，普通民众对数字货币和虚拟货币是比较陌生的，对相关知识也是知之甚少，因而不少普通民众担心数字货币和虚拟货币给自己带来不利影响，于是尽可能采取敬而远之的态度。客观来看，普通人眼中的数字货币与虚拟货币大致有5种画像或定位。

1.对数字货币与虚拟货币比较陌生

除了专业人士或少数参与炒作数字货币的投资者对数字货币与虚拟货币有所了解之外，全球绝大多数民众对数字货币与虚拟货币相当陌生，很多人根本就不知道何为数字货币，何为虚拟货币，比如什么是比特币、以太币，什么是Q币、游戏币等。对区块链技

术，还有对“去中心化”“分布式记账”这些东西感到神秘莫测，总觉得不管数字货币也好、虚拟货币也罢，跟自己没有太大的关系，似乎离自己的生活也十分遥远。

2. 将数字货币与虚拟货币混为一谈

很多普通人搞不清楚两者之间存在的联系与区别，总认为数字货币就是虚拟货币，虚拟货币包含了所有的数字货币。但事实上，数字货币包含在虚拟货币之中，数字货币并不等同于所有的虚拟货币。虚拟货币虽然与数字货币几乎诞生在同一个时代，但数字货币是加密了的虚拟货币，而虚拟货币无法做到这一点，也就是说数字货币比虚拟货币的科技含量更高，安全性能也更好。

3. 对数字货币与虚假货币的前景茫然不知

由于对数字货币与虚拟货币的专业知识知之甚少，普通人对当下数字货币与虚拟货币的发展动态和前景无从判断。如果搞一项民意调查或测试，问及数字货币与虚拟货币的相关知识与前景，估计绝大部分民众会感到茫然不知，无法给出相应的答案。

4. 很难界定法定数字货币、非法定数字货币及虚拟货币的关系

对于一般人而言，即便懂得一点数字货币的知识，但通常也处于一知半解状态。这种状态的主要表现就是通常把数字货币混为一谈，不知道数字货币还有非法定数据货币与法定数字货币之分，也不知道法定数字货币起源于非法定数字货币，法定数字货币的构成框架及其技术体系发端于非法定数字货币技术，更不了解法定数字货币是对非法定数字货币的一种质的飞跃。不了解非法定数字货币

与法定数字货币之间虽有一定联系，但法定数字货币在“去中心化”上采取了“扬弃”的方式，使得法定数字货币与非法定数字货币具有了本质上的区别。可以说，非法定数字货币只是数字货币的一种雏形，但不是真正的数字货币，不能完全为全球各国政府所接受，而法定数字货币则是真正的数字货币，能够充当国内以及全球各种经济贸易往来和现实生活中一切交易的等价物。

5. 无法把握数字货币的精髓

由于全球绝大部分民众无法把握非法定数字货币的精髓，在投资非法定数字货币时，具有较大的盲从心理，也跟炒股一样地“追涨杀跌”，忘记了非法定数字货币在缺乏有效监管的社会金融环境中，价格容易暴涨暴跌，于是导致不少投资数字货币的普通人遭受巨大损失，也为数字货币的可持续发展蒙上了阴影。

二、普通人应参与到数字货币的发展应用之中

如今，数字货币发展方兴未艾，正呈风起云涌态势，作为全球普通民众也应有敏锐的洞察力，充分意识到它会对人类生活带来改变以及为社会经济发展带来推动力。尤其是各国央行参与研发、实施推广法定数字货币之后，数字货币离普通民众越来越近。目前，中国央行进行数字货币场景测试的主要城市有苏州、成都、深圳及雄安新区，接下来将是更加广泛的试点和更加规范的双层运营体系，数字人民币的全面到来指日可待。

基于这一切，数字货币并非与普通人没有关系，相反是有很大

的关系，不懂得数字货币的最基本知识，不了解数字货币的功能，不明白数字货币的安全常识，会给自己的日常生活和投资创业等活动带来很大的不便。作为普通人，可从两方面了解数字货币。

1.主动了解数字货币的知识

数字货币时代即将全面到来，普通民众应了解数字货币的基本功能、应用场景、相比实物货币具备的优势，并掌握防泄密被盗的知识，同时还可适当了解一下数字货币与微信、支付宝等第三方支付工具的关系。在平时生活、支付交易中，我们可适当配置数字货币与第三方支付工具之间的资金比例，获得最大化程度的方便。

目前，我们需掌握的几个关键知识点包括：一是法定数字货币与非法定数字货币的区别，非法定数字货币比如比特币、以太币等不是真正的货币，本质是一种商品，可用来投资；而法定数字货币本身就是货币。二是了解非法定数字货币与法定数字货币的基本功能和特征。以比特币为代表的非法定数字货币具有去中心化、专属所有权、低交易费用、跨平台挖掘等基本特征，并具有匿名、免税、免监管等优势，但也存在易受攻击、交易确认时间长、价格波动大等缺点。而法定数字货币的特征就是代替现钱的货币，是真实的M_0，具有金融交易可靠性，能强化支付系统的公共属性，精准调节货币供应等优势；同时法定数字货币不会折旧，没有假币，流通受央行监控，安全可靠，不容易因超发诱发通货膨胀等风险。三是了解非法定数字货币与法定数字货币的应用场景。非法定数字货币本身虽然有一定价值，但并不能真实地充当一般等价物用于全球经贸交易的支付结算，只是被货币化了的一种投资商品。而法定数字货币可用于日常流通使用，或许只要手指动一动或手机碰一碰，交易支付即刻成功，体验感与纸币完全不一样。例如，按照目前人民银行相关人士透露的信息，中国即将发行的数字人民币不仅可“碰一碰”实现支付，并且还能实现“双离线支付”，即在收支双方都离线的情况下仍能进行支付，而且数字钱包（用来装数字货币的）的载体可以更加多元，范围更广，不仅仅局限在手机，可能是手表、拐杖等便于随声携带的物体。

2. 谨慎参与数字货币投资活动

非法定数字货币诞生以来，给普通投资者带来了新的投资机会，作为普通民众，可适当了解山寨币、空气币、比特币等非法定数字货币之间的联系与区别，及时掌握它们的市场信息与动态，谨慎把握投资机会。不过，在投资过程中，务必要注意三方面问题。

一是正确了解山寨币、空气币、传销币的性质。小心这些打着区块链旗号，向世人大肆宣扬高回报、只涨不跌的“劣币”，谨防上当受骗。

二是注意识别骗局。如果确实要参与投资，一定要选择可靠的交易平台，从市场口碑、盈利模式、监管安全等方面进行全面考虑，尽量选择具有交易方式便捷、交易深度优化、交易价格实惠、交易对象丰富等优势特点的平台。另外，应在投资中保持清醒的头脑，学会识别一些不良平台精心设计的骗局。

三是根据自身能力确定投资方式。绝对不能盲目通过负债加杠杆等方式来投资比特币和及其他虚拟货币，要确定好价格锚定，做好风险防范，避免潜在损失。

电子货币是否属于数字货币

电子货币诞生于二十世纪八九十年代，最早可以追溯到美国加州伯克利大学David Chaum于1993年推出的CyberBucks，代表了其在电子货币研发领域的领先地位。电子货币的出现是信息革命的产物，也是实体货币与观念货币发生分离，是真实货币演变为虚拟货币的必然结果，它的目的是降低“信息成本”和“交易费用”，让货币极大地突破了现实世界的时空限制。总体来看，电子货币的产生和发展可以说是货币发展的更高级阶段。

我们把电子货币纳入数字货币的大范畴，事实上电子货币只是依赖信息数字技术的一种代币凭证（卡）或者说只是实物货币的一种载体，它本身并不是真正的数字货币，不具有数字货币（无论非法定数字货币还是法定数字货币）的基本功能，只是一种用于结算支付或债务清偿的工具，不能直接充当流通中的一般等价物。

电子货币内在的功能就是资金（包括存款或现金）持有者从电子货币发行处兑换获得同等金额数据的电子货币，然后用这些电子货币通过网络数据技术来给他方进行结算支付或债务清偿。而数字货币则是区块链技术基础之上诞生的（非法定数字货币不被国家承认，也不具有真正的数字货币的功能）法定数字货币，它有国家信用作后盾，它能够代替实物货币充当一般等价物，它本身就是真正的货币。

很显然，电子货币与数字货币是不一样的，电子货币与数字货币是属于两个不同类型的货币，两者诞生的背景、技术基础等都具有相当大的区别。可能大家对电子货币相对比较熟悉，因为我们在现实生活中都或多或少地运用过，比如银行卡、购物卡等，但电子货币与数字货币到底有何区别，可能就知之甚少了。

一、电子货币与数字货币的区别

前面在解释电子货币这个名词时就已说得相当透彻了，它只是一种通过中间途径而获得交换媒介或支付结算功能的代币形式，如果缺乏一个中间环节，比如没有中央银行、商业银行或企业，电子货币是不可能存在的。更详细地说，它是消费者用传统实物货币向发行者支付一定金额而获得等值（或等额）的“数据货币”，是将实物货币以电子形式储存到消费者持有的电子设备之中，比如银行卡、电子支票、电子现金、各类购物卡等都是电子货币的代表，消费者在平时结算支付或债务清偿中不再需要实物货币，而是用电子货币直接支付。

而数字货币（这里所指的数字货币仅指法定数字货币）是一种

真正意义上的加密数字货币，它虽然借鉴了非法定数字货币的许多技术特点或方式，比如具有非法定数字货币匿名性强、支付快捷等特点，但两者最大的不同之处是法定数字货币以国家信用作后盾，具有法偿性和强制性，它本身就是真实的货币，不需要通过第三方中介支付机构来充当它的支付承载体。尤其，法定数字货币的发行，对于一个国家来说，使得该国经济有一定的可编程性，使金融调控会更有方向，且数字货币全网分布记账的模式，也将能提高该国经济与金融的信用度。

二、电子货币的种类

电子货币的种类跟数字货币完全不一样，由于发行机构不具有唯一性，也让电子货币的品种数量庞大，无论非法定数字货币还是法定数字货币都是无法比拟的。电子货币主要有五个方面的特点：一是需要承载体。它主要以计算机技术为依托，并通过网络信息技术进行储存和流通；使用时通常以磁卡、智能卡为主；二是使用范围较广。社会经济各领域都可使用，包括企业或个人生产、商品交换、社会收入分配和消费领域，都可使用电子货币进行。三是具有多种融合功能，它可以将储蓄、信贷和非现金结算等各种金融功能集于一身。四是安全基本有保障。在一般情况下，电子货币在使用中具有简便、安全、迅速、可靠等方面的特征。五是具有较多的使用场景，平时生活使用中比较方便，能够降低结算成本和提高资金支付效率。具体来看，可以将电子货币分为五大种类。

1. 储值卡

即某种行业或某个企业发行的可代替现金使用的智能（IC）卡。比如各种电话充值卡等。

2. 信用卡

由银行或某专门发行公司发放的一种信用支付凭证，它具有把信贷与支付融为一体的金融业务功能。

3. 电子支票

它是由负有债务一方的企业或个人签发的一种电子货币支付工具，约定有具体日期，当付款到期时，债权人可到签发人那儿领取现金或转账收款，它是通过计算机网络安全移动客户的存款以完成支付结算。

4. 模拟型电子货币

它是通过一种现金加密序列数表示各种金额的代币，这是基于纸张的经济向数字经济转变的现实，未来电子现金也将成为主流。因此它也具有匿名性、节省交易费用、节省传输费用、持有风险小、支付灵活方便、防伪造及防重复性、不可跟踪性等特点。它目前具有两种形式：一种是网络环境使用的，且将代表货币价值的二进制数据保管在微机终端硬盘内的电子现金；一种是将货币价值保存在智能（IC）卡内，并可脱离银行支付系统流通的电子钱包。

5. 电子钱包

它是电子商务活动中主要用于网上购物顾客的一种支付工具，是在小额购物时常用的新式钱包，具有安全方便、成本低的优势。

它是顾客将有关的应用软件安装到电子商务服务器上，利用电子钱包服务系统输入购物信息进行消费支付等行为。

三、电子货币的功能

电子货币自发明推出以后，其功能相当丰富，能用于企业的生产经营和民众日常生活支出中。电子货币已渗透进社会经济金融生活的几乎所有领域，给企业生产和民众生活带来了极大的方便。具体来说，电子货币具有四大基本功能。

第一，具有转账结算功能

主要是直接用于消费结算，充当现金，这是电子货币的最基本功能。它通过网络信息技术进行无形的转账活动，能够完全代替现金的基本功能，而且方便快捷成本低，能够减少实物货币在交易过程中所产生的各种费用。

第二，具有储蓄功能

电子货币除了转账这一基本功能之外，还可通过电子货币进行存款和取款，可将实物货币的存取款功能移位给电子货币；而且通过电子货币在现实中进行存款与取款业务，操作步骤简便，给企业和民众带来了较大的方便。

第三，具有兑现功能

电子货币除了结算、存取款功能之外，还有一项必备功能，就是具有方便的兑换功能。企业或个人外出异地如果需要换取实物货币，电子货币无条件地实现这一愿望。

第四，具有消费贷款功能

消费者如果进行超前消费，可获得一定的透支额度，然后再逐步还款，这种功能就当前社会经济现实来说，具有重要意义。

四、普通民众如何轻松区分电子货币与数字货币

目前来看，不少民众很容易将电子货币与数字货币混为一谈。他们可能认为数字货币就是电子货币，电子货币也就是数字货币。从直观感受来说，数字货币与电子货币二者具有一定的相似性，似乎都是掏出手机或银行卡来支付，都没有出现所谓的“现钞”，且两者又都需要网络支持，好像是一回事。这其实只是一种假象。事实上，二者存在根本区别，要区分它们之间的不同，可从五个方面来进行衡量和分析。

一是电子货币与数字货币的信息技术级别不同

电子货币的技术含量比不上数字货币，数字货币的支撑技术比电子货币复杂得多，数字货币是一种加密的货币，而电子货币的加密手段不能与之相比，不是一种真正的货币；各国央行发行的法定数字货币具有法偿性和强制性，安全性能也比电子货币要高得多，很难被窃密盗取。

二是电子货币与数字货币发行主体具有本质区别

电子货币的发行主体有银行机构和各种非银行机构，品质良莠不齐。比如，我国在信用卡管理上，1996年4月1日起实行的《信用卡业务管理办法》中规定信用卡的发行者仅限于商业银行，但对

于信用卡之外的其他电子货币种类，我国尚无法律规定。而法定数字货币则只能由各国央行发行，其他任何机构无权发行数字货币。2020年10月，《中华人民共和国中国人民银行法（修订草案征求意见书）》第三章第二条规定，人民币的单位为元，人民币辅币单位为角、分。人民币包括实物形式和数字形式。第三章第二十二条还规定，任何单位和个人不得制作、发售代币票券和数字代币，以代替人民币在市场上流通。这为未来数字人民币的发行与使用奠定了法律基础。

三是电子货币与数字货币在安全性上存在不同

由于电子货币没有纳入国家法律管辖范畴，发行主体多样化，且缺乏统一而严格的监管标准，往往安全性能存在一定隐患，可能会给电子货币使用者带来一定的损失。法定数字货币由于有央行全方位的跟踪监控，安全性有绝对保障。

四是电子货币与数字货币的流通性差别较大

使用不记名的电子货币有可能给洗钱、贩毒等非法活动提供了便利，而如果能够查出电子货币的来源或去处，则会出现使用者隐私外泄的尴尬局面，这在监管上陷入了两难困境。而法定数字货币则不存在这方面的困扰，有央行反洗钱部门的监管，在消费使用或支付时能做到有迹可寻。因此，二者在流通性方面差别较大。

五是电子货币与数字货币在消费者权益保护方面存在较大差异

由于不同的电子货币发行机构积累了大量个人信息，而这些机构保护消费者隐私的能力具有较大差异，所以容易出现消费者信息泄露的风险，这让不少消费者对电子货币产生心存疑惑或担忧。而法定数字货币在保护消费权益方面属于最高级别，因为各国政府央行技术先进，监管经验丰富，通常不会出现问题。此外，个人拥有的数字货币钱包也不需要被采集过多的信息，相对能够消除消费者担忧。

五、电子货币的作用及其发展方向

电子货币的诞生既是信息技术发展的产物，也是社会经济和民众金融生活现代化要求推动的结果。因为企业及民众在金融生活中总是追求结算支付的快捷与高效，实物货币转变为电子货币，是人类货币历史上具有深远意义的重大变革。

目前来看，电子货币的诞生在企业生产经营、民众生活及各类商业活动中发挥了重要作用：它给电子商务飞速发展营造了有利的金融环境，让各类电子商务活动插上了腾飞的翅膀；能极大地提高企业生产经营及民众生活中资金营运效率，降低结算成本；它有效促进了经济活动由线下转入线上，为数字经济诞生拉开了序幕，使各类经济活动更加自由；它还为全球经济一体化和金融全球化奠定了坚实基础。

同时，电子货币的发展历程将迫使各国政府加强对电子货币的监管，将其纳入法治监管轨道，保证电子货币系统的可靠性和安全性，并且能根据经济金融发展来积极实施货币政策推动货币向更加高级的形式迈进，也就是加快全球数字货币的研发与推动步伐。

可以确定的是，电子货币只是人类货币发展历程的一个阶段，虽然相对实物货币是一个进步，但随着科技信息技术的提高，各国政府将会加快数字货币研发及推广的步伐，可以预见的是，电子货币最终会被法定数字货币逐步代替。

数字货币到底有哪些种类

在今天我们所处的时代，由于信息技术日新月异，以及人类经济生活的迫切需求，新的数字货币不断涌现。据不完全统计，目前全球数字货币可达上万种，要对这么多数字货币进行准确分类是不可能的，只能进行粗略分类。

而本节所讨论的数字货币种类，主要从非法定数字货币和法定数字货币两个层面来进行分类。

一、非法定数字货币种类

1. 按是否加密划分，可分为两种

（1）非加密数字货币。即由公司或个人研究发行的，可无限发行，不需要通过计算机的运算程序解答方程式获得，由于其可依据市场需求无限量发行，通常不具备收藏及升值价值。如百度公司

的百度币，盛大公司的点券，腾讯公司的Q币和Q点，新浪推出的用于微游戏和新浪读书的微币等，这些非加密数字货币可根据市场需求无限制发行，一般不具有收藏和升值价值。

（2）加密数字货币。它由计算机处理生成，并使用加密设计来确保货币流通各个环节的安全性，加密货币只能被真实的拥有者转移或支付。它不是由合法货币机构发行的，也不受中央银行控制，具有一定的投资价值。比如比特币等。

2.从基本币形划分，可分为5种。

（1）狗币。它诞生至今已经有5年左右的时间，投资者较多，整体用户数量也多，与比特币不相上下。对广大投资者来说，狗币是一种适合投资的虚拟货币，狗币也较为便宜，现今被广泛应用于慈善捐助事业。

（2）无限币。它具有价格低的特点，但用户相对较少，一般被用作小额交易方面，实用性强，有较大的发展潜力。

（3）以太币。它诞生于2013年，目前价格已升值了不少，其买入卖出方式简单，一般通过指定交易平台就可完成交易，且其交易渠道引入了区块链技术，交易过程安全性和高效性比较明显。

（4）比特币。它已有逾10年的发展时间，十多年来价格暴涨暴跌，稳定性较差，但获得方式比较多，主要是通过“挖矿”获得，前期挖矿获币比较简单，随着挖矿的用户人数越来越多，目前挖矿获币也越来越难。

（5）莱特币。它于2011年诞生，时间比较早，价格波动幅度较大，它与比特币在价格上具有较高的相似性，但与比特币有区别的地方就是交易时间更快，获得方式更多，更容易满足投资需求。

3.根据发行或共识机制的不同，可分为4类。

（1）工作量证明（POW）类。它通过算力挖矿获得系统奖励，完成货币的发行与分配，多劳多得。比如比特币、莱特币（LTC）。其优点是挖矿成本在很大程度上能形成货币的价格支撑，但消耗能源带来环保问题是最大的不足。

（2）权益证明（POS）类。它根据持有加密货币的数量和时间，分配新生成货币和利息。比如达世币（DASH）、小蚁币（NEO）。它与P0W类相比更节能，但增加了安全风险。

（3）委托权益证明（DPOS）类。它类似董事会的投票机制，通过选举代表进行投票和决策，选举N个记账节点来做新区块的创建、验证、签名和相互监督。比如柚子币（EOS），其优点是高效并具有半中心化的状态。

（4）POW+POS混合机制类。POW主要用于发行货币，POS用于维护系统，两者结合可以各取所长，比如点点币（PPC）。

4.根据反映项目类型和功能,可分为6类。

（1）货币类。即以转账、支付为目的而发行的数字货币。比特币就曾经试图充当区块链世界的基础货币，发挥世界银行的作用。目前仿比特币型的数字币据不完全统计，超过1500种，以莱特币、狗狗币为代表的山寨币，直接复制比特币的源代码，改一下参数，或者按照自己的理解进行“优化”后，即生成自己的数字货币。

（2）公链类。即公链项目发行的数字货币，主要应用项目是在公链上运行所需的“燃料”。比如以太坊（ETH）、柚子币、波场（TRX）、本体（ONT）。

（3）应用类。即去中心化应用项目发行的数字货币，相当于股权或积分。比如嫩模币（OMG，支付应用）、公信宝（GXC，数据应用）、1ST（游戏应用）。这些数字货币需要从市场角度判断该产品的可行性，应用能否成功是价值判断的关键。

（4）平台类。即数字货币交易所发行的数字货币，相当于股权、积分或燃料。比如币安币（BNB）、火币全球生态积分（HT）等。

（5）锚定资产类型。它主要是根据去中心化数据交易平台所用的公信币（不是公信股GXS），就是锚定人民币，永久1：1兑换的代币，这类资产不存在升值空间，只是为了便于等额资产的转移。

（6）其他。目前的EOS代币和量子链代币都是在以太坊上发行的Erc-20兼容代币，目的是便于在公测前也能自由流通，公测后可以1：1兑换成正式的代币，而这些代币的价值和信用是由发行方的信用作为基础的。

二、法定数字货币种类

法定数字货币是全球各国根据非法定数字货币基本原理发明创造出来的数字货币，这种数字货币通常都是加密了的数字货币。正如各国发明创造的实物货币一样，每个国家都会根据各自国家的民族特点、宗教信仰、历史文化等特点设计并制造出具有不同图案的货币，赋予不同的货币名称，更有大量的防伪技术。据联合国教科文组织公布的数据，截至2019年底，全球共有233个国家和地区基本都发行了自己的实物货币，可以说全球已经有200多种实物货币，种类可谓相当丰富。

从目前各国已推出的数字货币图案看，都是根据各自国家原来发行的实物货币图案设计的。相信随着区块链技术的运用以及全球货币“去美元化”浪潮的到来，未来还将有更多的数字货币面世。目前，全球已有5个国家发行了法定数字货币，还有很多国家正在筹备发行。

1. 已发行数字货币的国家

目前，已发行数字货币的国家有厄瓜多尔、委内瑞拉等5国，他们的经验教训值得关注。

（1）厄瓜多尔。全球首个国有“电子货币系统”。早在2014年12月，厄瓜多尔央行就推出了“电子货币系统”，2015年2月开始正式运营，并发行数字“厄瓜多尔币”，以琥珀蜜蜡为价值载体，相当于一种新的加密支付系统。厄瓜多尔的“电子货币系统”是一个去中心化的点对点网络，用密码技术控制货币的产生和交易，无需通过中央机构和中间人。该系统受厄瓜多尔央行的严格监管，汇率相对稳定，只有符合条件的厄瓜多尔居民有权使用，市民可以使用厄瓜多尔币在超市、商场、银行等场所完成支付。它发行目的主要是为了“去美元化”以弱化美元在该国经济体系中的地位。但该系统2018年4月宣布停止。

（2）委内瑞拉。全球首个由主权国家发行的数字货币Petro。2017年12月，委内瑞拉总统马杜罗通过电视媒体宣布本国政府计划发行加密数字货币。2020年2月20日，以石油为价值支持的“石油币”正式对外发售，其价值与油价挂钩，发行参考价为1石油币兑换60美元，发行量为1亿石油币。该国发行数字货币主要是希望石油币能够帮助委内瑞拉完成经济转型，避免委内瑞拉法币大幅贬值。

（3）马绍尔群岛。2018年，该国发行了国家数字货币SOV（主权币），SOV是完全去中心化的数字货币，政府无法控制发行后的货币供应。为了避免通货膨胀，SOV（主权币）的供应量限制在了2400万枚。马绍尔群岛试图通过区块链技术重建国内货币流通体系，逐步实现本国经济地位独立。

2.积极准备发行数字货币的国家

最近几年，陆续有多个国家正在积极准备发行数字货币。2018年4月，据外媒报道，韩国的首尔市将发行S-coin加密货币，用于资助公共福利项目或补偿私人承包商；2018年8月，泰国宣布将发行数字货币Inthanon，为的是改善银行间泰铢清算管理，降低运营成本，加强金融系统安全；同年8月，印度宣布正在考虑发行自己的中央银行数字货币（CBDC）。此外，还有土耳其、爱沙尼亚、瑞典、苏格兰、俄罗斯、波兰、挪威、伊朗等国也先后表态要进行国家数字货币计划。

最为引人注目的是中国央行正在着手研发、测试的数字人民币DC/EP，目前已经进入实质测试阶段，预计数字人民币很快就将步入中国经济金融及民众生活之中。

3. 法定数字货币的呈现形式

尽管法定数字货币种类多种多样，但从法定数字货币发行、使用、保管等方面考察，依然具有一些基本共性特征，主要表现在9个方面。

其一，虚实型货币。即都属于实用流通支付的真实货币，但具有抽象性，离开了货币的具体实物形态，这是法定数字货币的重要特征。

其二，法制型货币。即数字货币由各国央行发行，是唯一合法的发行机构，具有强制性和法偿性，与其他数字货币或代币工具具有本质上的区别。

其三，国度型货币。即各国的法定数字货币构成了不同的国家名片，表现了各自国家货币体系的功能，具有多丰富多样性。

其四，开放型货币。即所有国家发行数字货币都具有开放性，都具有充当国际货币的潜能，某个国家法定数字货币能否成为国际货币，与该国的经济实力息息相关。

其五，公众型货币。所有数字货币都是为经济服务和为公众服务的属性，如果没有这样的属性，数字货币就没有太多存在的意义，也难以真正付诸流通。

其六，高端型货币。即都将最前沿、最高端的信息技术运用于数字货币的研发与推广之中，在防范泄密与偷盗等方面都具有较强的功能。

其七，融合型货币。即将各种技术融于一体，一般只保留了该国国籍冠名和计量单位，不再设定面额、面值；无所谓主币、辅币，改变了元、角、分的货币计量方式，更便于统计、支付、核算。

其八，环保型货币。即流通的数字货币，不消耗任何实物纸张，不会破损不会散发其他异味对环境与人体带来危害，仅仅存在于科技信息钱包或央行、商业银行的“金库”之中。

其九，透明型货币。即无论储备在库中还是运用中均可呈现于中央银行、银行业金融机构与法定数字货币使用者“三位一体”状态下，随时可以观察其运行轨迹。

各国央行为何要推行法定数字货币

推行法定数字货币，并非各国政府心血来潮，而是由一国政府根据该国客观经济发展、货币实际流通状况、追求货币多元目标以及该国科技实力等多方面来决定的，其中科技实力在数字货币研发中是最为重要的一环，没有成熟的、较强的防伪、防泄密、防盗窃等科技能力，发行法定数字货币显然是不可能的。而且，货币数字化也是人类经济社会发展和科技能力进步之后的一种必然要求，从贝壳至贵重金属再到纸币，每一次货币的进步和更替都是客观经济发展实际和科技进步推动的结果。

目前，各国央行在发行数字货币进程中的步伐各不相同，有的尚在准备启动，有的已在研究和实施之中。总之，尽管各国央行在研发和推行数字货币中的进度不一样，但当历史的车轮驶入2021年时，数字货币时代已经悄然来临！

那么，各国央行争相发行数字货币的真正原因有哪些呢？我们认为，有六个方面的因素。

一、时代发展的需要

国家发行与使用货币的目的，总是以国民经济发展状况与民众实际生活为最大目标。目前全球已出现了加密、去中心化、区块链分布式等数字货币技术，变革了全球银行系统原有的结算系统体系，打破了传统的资金转运逻辑；另一方面，数字货币还有可能是取代现有全球美元结算体系并独立运行的一种技术，所以发行数字货币还具有较强的战略目的。

同时，现在已出现的数字货币包括比特币等，因为依附的区块链技术具有容量小、效率有限的缺憾，无法支撑全球贸易结算，全球亟需一种新的安全性能高、容量大、效率高的数字货币来充当全球交易结算的“新工具”，谁先发行法定数字货币，谁就更容易获得未来全球货币的战略主动权。而且，货币的数字化，从当前的中国现实看，每个人只要拿着一部手机，下载一个微信或支付宝，就能随时随地收、付款，导致现钞的需求已越来越少，可见货币的无纸化是一个趋势，发行新的数字货币，以取代现有货币，已成全球各国央行的共同方向，这也是中国央行拟发行数字货币的一个重要内在因素。

二、货币功能多元化的现实需求

人类发明与创造货币，就是赋予货币更多功能的过程，从物物交换到钱物交换，再到现在电子货币网络上的钱钱交换，货币被赋予的功能总是不断增多。目前，传统货币具有的价值尺度、流通手段、贮藏手段、支付手段和世界货币等五大传统职能已远远不能适应社会经济发展需要和人们的多元化需要。尤其是实物货币交易的“无痕性”和“不可追踪性”，都给货币管理留下了不少漏洞，比如实物货币在反洗钱、反恐怖融资、反逃税等方面尚存在不少短板，无法发挥出重要的货币监督功能。基于此，各国央行试图发行数字货币来赋予货币更多的“社会经济”功能，让货币不仅成为人们交易结算的工具，方便人们的经营贸易，也赋予货币必要的社会监督功能，让货币显现更多的社会正能量。

三、提高货币品质的需要

众所周知，无论现实流通中的纸币，还是当前的电子支付工具，都还存在很多不尽人意之处。纸币流通时容易磨损，残损纸币每年需要回笼和焚毁，还需要逐年补充新纸币以及发行新版纸币，且在防伪上面也需要不断改进，所有这一切都加大了纸币的发行费用，使每个国家的央行为此增加了一笔巨大的货币发行费用。而且，纸币在现实生活中，由于流通环节多，接触人群多，纸币还可能成为各种疾病的传播链条。因而，发行数字货币，提高货币的“无接触”性，让货币在“流通”中不受任何污染，保持货币的“整洁度”，也是现实生活的迫切需要。

同时，电子支付工具，比如当前中国的支付宝、微信、财付通等第三方支付工具，尽管实现了网络电子化，基本做到了“无接触”，但它本身并不是货币，而且没有政府信用作背书。尤其是，各移动支付企业之间在竞争过程中，还人为设定了不少“框框”，不能实现各支付工具之间的有效衔接，容易在防偷盗等方面形成漏洞。而法定数字货币面世后，由于有国家信用作背书，能有效与其他支付工具实现无缝对接，而且在防范资金损失方面是今天的电子支付工具所无法比拟的，这也将是未来数字货币的实用性和生命力所在。

四、开正道堵邪门的需要

当前，全球信息技术飞速发展，以区块链为代表的各种非法定数字货币已纷纷涌现，而随着5G技术的到来，非法定数字货币还会继续涌现。这些非法定数字货币不受各国政府制约，在不同程度上与各国货币存在竞争关系，使得各国货币受到的冲击不小。比如全球最为流行、影响最为广泛的比特币，给各国央行的货币发行与管理就带来了很多困扰，对各国法定货币也带来了较大冲击。同时，曾经流行的ICO（区块链项目首次发行代币），由于不受政府监管，导致ICO融资主体鱼龙混杂，本质上演变成了非法公开融资，并涉嫌非法发售代币票券、非法发行证券、非法集资、金融诈骗、传销等违法犯罪活动。这些虚拟货币价格暴涨暴跌，风险快速累积，严重扰乱了一国的经济金融和社会秩序。

面对如此情形，亟需各国政府高度重视数字货币的发展趋势，在数字货币研发上集中精力，投入人财物力，让具有政府背景的数字货币早日登场，避免让民间机构推出的数字货币影响或冲击当下各国货币的发行与管理。

五、助推本国货币走向全球化、国际化的需要

当前，各国货币中，除了美元、欧元等由主要经济强国或经济体发行的货币具有较高的国际化程度之外，其他一些经济实力较强的国家，其货币的国际化依然面临很多的障碍，受到很多的制约，而发行数字货币可以起到助攻的作用。

例如，中国央行发行数字人民币，在一定程度上可以助推人民币走向全球，通过自身金融科技研发能力以及拥有的金融基础设施，不断增强人民币支付的便捷性和安全性，让人民币变成世界货币，让人民币真正成为世界主流通货币之一。

此外，中国央行拟推出的数字货币也有利于根据中国客观经济运行实际制定更为灵活的货币政策，在很大程度上可以确保中国金融稳定，使中国经济金融独立性增强。

六、发行数字货币的条件和能力已具备

各国央行研究和推行数字货币，不是空中楼阁，更不是只停留在理论层面的臆想，而是需要具备强大的科技实力才能够实现的目标。目前来看，部分国家研发数字货币的确已具备了现实的条件和能力。

目前，除了各国央行期待通过发行国家信用作后盾的数字货币以抵抗非数字货币的竞争之外，还在于全球信息技术已发展到了一个相当的高度。时至今日，4G技术已经得到普及，5G技术正在步入普通民众生活，这为数字货币的研发创造提供了前所未有的可能性和现实性。而且，目前一些国家央行除了掌握数字货币的区块链技术之外，还在此基础之上又有了新突破，将数字技术推升到一个新的科技层面。比如，中国央行技术团队自己开发的基于中心化管制的基础技术架构，就保证了数字货币同现有金融管理体系的无缝对接，使数字货币的面世更有安全保障。中国央行从2014年起，就成立发行了法定数字货币的专门研究小组，论证央行发行法定数字货币的可行性；2016年11月，招聘了6名具有硕士或博士学历的专业人士进行数字货币研发工作，成立了直属央行的中国数字货币研究所；2017年，数字货币研究所正式挂牌，确定央行数字货

币研发名字叫“DC/EP”；2018年6月，出资200万元设立了深圳金融科技有限公司，是目前唯一一家由央行数字货币研究所全资控股的金融科技技术开发公司；2019年7月8日，数字金融开放研究计划启动仪式；2019年9月6日，央行支付结算司副司长穆长春被任命为数字货币研究所所长；2020年4月，数字人民币在全国多地测试。中国央行在研发数字货币的道路上一步一个脚印，展现出强大的技术研发能力。

I

第三章
数字货币搅动全球金融经济

DIGITAL
CURRENCY

数字货币即将步入全球民众金融生活之中，它将揭开人类货币应用的新时代，在这个时代里，因为有了数字货币的滋润，数字经济将会越发枝繁叶茂，为人类创造经济发展的新途径。而且，数字货币最大的作用是将对全球经济金融带来新变化、新气象与新的交易场景；尤其，可能会引发货币运行体系的改变，其影响将远远超过从金属货币到纸币的变革。

法定数字货币的作用有哪些？

从实物现金货币既有的基本职能出发，法定数字货币的作用与实物货币的作用基本一致，就是说实物货币所具有的作用，数字货币都会拥有。尤其是价值尺度与流通手段，法定数字货币也都有。法定数字货币就是现有实物货币的一种网络数字货币媒介物，是将实物货币数字化、由线下搬到线上而已，其充当一般等价物的特殊商品性能并不会改变，用法定数字货币同样可表现其他一切商品的价值，并可以购买其他一切商品。

从实物货币既有的功能出发，实物货币的积极作用表现在：一是作为交换媒介，实物货币大大降低了产品交换成本，提高了交换效率，大大降低了价值衡量和比较的成本，为实现产品交换提供了便利；二是作为价值贮藏形式，实物货币提供了最具流动性的价值贮藏形式，丰富了贮藏手段，将国家政府、经济组织和民众个人的财富能力进行了基本描述。而未来的数字货币同样起着交换媒介作用，只是数字货币的交换媒体功能比实物现金货币更优越、更方便；同时作为价值贮藏形式或手段，数字货币比实物货币更具有隐秘性和安全性。

很显然，只要理解了实物货币的作用，数字货币的作用便可轻松理解。

一、从一般形式看数字货币的作用

可以说，无论哪个国家发行的法定数字货币，都是主权货币，除了出于某种特殊目的之外，从一般意义上看，法定数字货币的作用主要集中于三方面：

其一，可为各国制定宏观货币政策提供有效的数字支撑。法定数字货币的发行数量直接由央行操作监管系统得知，货币发行与流通减少了很多中间环节，使货币发行与流动数据形成实时交易账户，能确保数字真实完整，真实数据可“精准”帮助央行更准确、更灵活地运用货币政策工具。

其二，可为各国央行追踪资金流向、全面客观准确监测与评估风险提供支持。由于法定数字货币具有所有的客户信息集中于央行的中心化特征，以及具有非法定数字货币的匿名性和分布式记账等特征，使得央行在监管数字货币的动态上能够准确把握，有利于对货币政策的失误等方面的问题适时调整，化解货币政策风险，使货币政策始终运行在健康可持续轨道上。

其三，更加有利于货币政策的利率传导，使利率能始终保持合理水平。由于数字货币技术支持“点对点”支付结算，能有效提高市场参与者的资金流动性。而且法定数字货币为全社会普遍接受，能够将数字货币的流动性优势辐射到不同市场的参与者，促使金融市场流动性大大加速，从而使资金利率价格更加趋于合理，利率传导机制更加顺畅，从而降低全社会资金成本，最终惠及社会和企业。

二、从更深层的角度看数字货币的作用

为了更好地了解数字货币的作用，需要透过数字货币一般的表象上的作用，看它对人类经济金融产生的深刻影响，只有对数字货币的这些影响进行全面解剖与深刻领会，才能更深入地了解数字货币的作用。从目前看，这种深层的作用将主要体现在六个方面：

其一，传统实物货币的使用场景将被颠覆。现在，实物货币除了大额支付是通过电子货币支付交易之外，一般日常小额消费主要是以线下交易支付为主；未来，当法定数字货币正式登场后，充当支付工具的线下支付、半线下支付，将逐步转变为全部线上交易支

付。尤其是中国央行拟发行的数字货币，可以在线上使用，也可以在线下使用，甚至不需使用网络，其使用场景的想象空间不仅巨大，而且它将助推支付方式变得更加快捷与现代化，民众的支付感受也将由线下实物场景过度到线上线下全部场景。同时，支付宝、微信等第三方支付一统天下的局面，将会被打破。这就是说，数字货币全面步入经济金融生活之后，实物货币将逐步被法定数字货币代替，基本实现央行数字货币全场景推广。届时，数字货币将走入大众的日常生活，进入千家万户，大多数民众都会接受数字货币的操作方式。

此外，我们也应看到，各国央行还提供了免费的身份核查与下载数字钱包的服务，将居民手中所有的银行存款与数字货币放入其发行的钱包中，这对全球传统的银行信用体系也将是一种颠覆。

其二，深刻影响与改变银行业的传统货币管理模式。法定数字货币全面投入经济金融生活之后，无论央行还是商业银行都不必为实物货币繁琐的发行与管理工作烦心了。曾经，实物货币的发行、回笼与残损币销毁、安全押运与守护等日常工作，都要消耗央行与商业银行的很多精力，数字货币问世之后，这种繁琐的工作将不复存在，央行与商业银行对货币管理的重点将由管理实物现金向管理数字货币转化，央行货币发行职能将由实物货币快速转向到数字货币，使货币管理的模式发生实质性转变。

同时，一个问题有两个方面，货币数字化之后，各国央行货币发行与管理人员势必减少，尤其是商业银行一线临柜人员不再需要应对普通民众需要的货币支取与存储的服务，也势必会让商业银行临柜操作人员减少，到时将有大量的央行与商业银行工作人员面临转岗、下岗等现实问题。

其三，有利于改变央行货币政策传导模式。在传统实物货币时代，央行制定货币政策要根据经济运行情况，尤其是要根据商业银行中间环节对货币政策的“消化”与反馈等信息，来获得货币运行数据，从而制定出相应的货币政策。在这个过程中，央行参考的经济金融数据目标是多重的数据变更，而非单一的数据，但是这些数据受到很多因素的影响，使信息反映不灵敏或滞后，或不真实准确，这样制定出来的货币政策，难免会与实际经济金融运行情况不相匹配，从而使货币政策出现左右摇摆或松紧幅度不一样等波动现象，难以确保货币政策的准确性。而数字货币运行之后，央行除了经济数据依赖国家宏观经济部门之外，金融货币数据都能够通过数字货币发行系统直接获得，消除了中间环节，让央行能更加准确地判断经济金融形势，出台更有针对性和更有力的货币政策，从而有效避免了货币政策波动不定的不利局势。

其四，有利于更好地发挥数字货币的社会监督职能。在实物货币时代，由于央行或商业银行对一些通过直接现金交易的行为缺乏有效跟踪监督，给洗钱、偷税漏税、贪污腐败等行为留下了可乘之机，使货币的社会监督功能难以得到很好发挥，也给国家金融安全留下了较大的隐患。而如果数字货币全面流通使用之后，由于所有货币流动去向，都有央行中心化监控机制的跟踪，央行对数字货币流向是否正常能够做到“了然于胸”，同时法定数字货币不仅具有传统货币以国家主权为依托的优点，也具有数字货币的先进性，可直接对去向不明或有问题的数字货币实施有效“冻结”“拦截”或“追索”，能在防止洗钱、黑客攻击、反假钞、偷逃税款等方面发挥更加突出的作用，使各类经济犯罪活动无处遁逃。

尤其是，数字货币全球化之后，还可能削弱美国在全球金融的影响力。目前，美国对全球实施美元霸权主要依赖两个硬件：一个是美元，一个是受美元操纵的货币结算系统SWIFT。各国政府推行数字货币之后，再结合区块链技术去中心化的特征，不仅可以突破SWIFT的限制，有效打破美国的金融遏制，还可创造出一个数字货币的全新赛道，实现全球的金融超越。

其五，可简化全球货币流通程序，更能增添国际货币的功能。在实物货币时代，M_0是指银行体系以外各个单位的库存现金和居民的手持现金之和，各国民众在结算支付交易时，需通过外汇换算方式才能进行。而在全球进入数字货币时代后，数字货币的意义不仅在于它使现有货币数字化，而且可以替代M_0。数字货币将使得交易环节对账户依赖程度大为降低，有利于各国发行的数字货币自由流通和国际化。

在实物货币时代跨境结算需要中央结算机构与金融机构联动，而数字货币时代，区块链编制的分布式记账操作系统可以自动执行、认证，且无差错，可以显著地提升国际结算支付效率。

此外，在实物货币时代，传统SWIFT（环球金融电讯协会）由美国主导，收费昂贵，并对发展中国家的服务普遍缺失，使用新兴的区块链数字货币体系将使成本大大降低，并且提升发展中国家在跨境支付结算中的地位。据麦肯锡的报告显示，区块链技术的跨境转账可以将交易成本下降二分之一，到账时间由几个工作日缩短为实时到账。

其六，对推进全球各国普惠金融发挥重要作用。在实物货币时代，由于发行实物货币、管理实物货币都需要支付高昂的成本，这不仅使得实物货币自身的成本上升，而且由于资金从央行流到商业银行再发放到企业或个人手里，中间环节多，会受到多种原因干扰，货币资金流动不是十分顺畅。此外，商业银行在吸收居民储蓄存款过程中需要消耗大量人力、物力和财力，也对资金成本起到了一定的推升作用。总之，由于这些因素的存在，使得金融市场上的资金总价格被抬高了。当资金最后到企业手中的时候，成本也就必然高了，这对化解企业融资难、融资贵的局面很不利。而在数字货币时代，由于货币从央行到商业银行再到企业手中，中间很多环节可以省略，资金运行快捷高效。尤其是，央行对客户发放数字货币可实施零手续费，且商业银行也可在吸纳存款过程中省去了大量的人工成本和其他成本，这对推动整个金融市场资金成本的下降起到了重要作用。在这样的态势下，实体企业融资难、融资贵的世纪难题有可能得到有效解决。

数字货币对金融的影响

货币的诞生极大地影响了社会经济生活，改变了人类经济活动形态，也使金融作为一种经济形态不断发展壮大，并且越来越成为经济最重要的组成部分。货币形态的每一次变革，都推动了金融跨越式发展。从贝壳到金属货币，再从金属货币到纸质货币，人类社会从野蛮的原始社会走向现代文明社会的过程中，货币发挥了不可磨灭的作用。尽管货币不一定是推动社会进步的最主要力量，但人类社会每一次前进都与货币形态的演进有着千丝万缕的联系。就拿原始社会向奴隶社会过渡来说，正是货币的诞生和货币的普遍使用，才使交易活动变得频繁，社会财富也因货币变得易于积累和传承。由此推动了统治阶级的诞生，使管理和分配财富的人成为统治者，然后，社会管理初步形成，人类社会开始步入文明阶段，金融业也慢慢出现了。从国家层面来看，财政、国库在经济中发挥着越来越重要的作用，并成为影响国家经济的重要内容。

随着科学技术的进步，货币形式突破了贵金属材质的限制，开始出现纸币，这应该是货币史上的一次里程碑。不仅助推金融快速发展，更为重要的是，人类对货币的理解也向前迈进了一大步，奠定了现代金融产生的思想基础。从具有价值的贵金属货币到纯信用货币的纸币，在方便人们交易便捷的同时，也深刻地影响着人们对金融和财富的认知。从某种意义上说，信用货币的诞生，使金融成为现代经济发展的关键，由此现代金融业走向了蓬勃发展的道路。直至现在，甚至在未来相当长一段时间，金融发展依然是经济社会发展的主角。

数字货币的诞生，无疑是货币形态的又一次重要变革，对经济金融的影响将是广泛而且深远的。数字货币既具有现金纸币的便捷性、匿名性，同时还具备纸币所不具备的优势，与当下快速发展的数字技术、区块链、云技术、人工智能、移动互联网结合之后，极大地增强了货币功能的灵活性和开放性。不但降低了交易成本，还大幅提高了交易效率，不仅能够满足线上交易，还能实现离线交易，拓展了商品交易渠道，提高了商品市场的运行效率。数字货币对未来货币体系、支付体系、货币政策、银行体系等金融领域的影响将是不可估量的，并且，数字货币通过对金融领域产生影响的传导作用，对整个经济社会的影响也是非常值得期待的。从宏观角度看，对政府管理、经济调控、政策制定、社会形态和构成都将产生不同程度的影响；从微观角度看，会给人们的经济活动方式、企业的财务制度、银行运营模式等带来巨大变化。当然，数字货币对金融影响的评估，目前下结论为时尚早，但可以对这些影响做一些逻辑性梳理和探讨。

一、数字货币对货币政策的影响

1.数字货币可以提高整个货币体系的效率

数字货币的普遍使用可能使利率形成机制更为科学。首先，在数字化时代，公众对利率信息的获得将更加容易，中央银行掌握数字货币的信息将更加全面，这样就方便对未来利率走向进行预测。其次，数字货币的使用可能会提高整个货币体系的效率，缩短了中央银行政策传导的时间。市场参与者会对中央银行利率调整政策更为敏感，从而增加了中央银行对利率的可控性。最后，数字货币可能会使货币与金融资产的转换更加方便快捷，交易成本更低。因此，交易主体对利率的敏感性会提高，市场上利率微小的变化都可能会导致金融资产结构出现巨大改变。

2. 数字货币可以使货币政策调控更加精准有效

当前，由于普遍使用的是纸币，中央银行和货币发行当局对现金或者纸币的流向是较为模糊的，也难以形成比较精准的数据。这给货币政策调控带来了一定的局限性，结构性引导往往难以达到预期效果。但在数字货币时代，就可以非常容易地解决这个问题。法定数字货币是中心化数字货币，中央银行对数字货币流向信息可以实时掌控。也就是说，对于流通中的现金，央行可以得到足够的相关信息，再加上账户存款信息，中央银行可以得到所有的货币相关信息。这对制定和执行货币政策是极为有利，尤其在发挥结构性货币政策作用方面更为明显。例如，国家可以清楚地知道小微企业信贷获得情况、融资状况、利率状况，从而可以采取有效的货币政策，解决小微企业融资困境，充分发挥货币政策对全社会资金结构性调整的作用。

3. 数字货币可以使货币政策传导渠道更为畅通

数字货币还可能提高货币政策的传导效率，使货币政策传导更加畅通有效。数字货币由个人和企业持有，可以直接作用于货币持有主体，使货币政策传导路径缩短，有效地提升了货币政策的效率和效果。

二、数字货币对货币发行将产生重大变革

1.货币发行流通成本下降

基于货币形态演进的宗旨，数字货币运转成本将大幅下降，比较明显的有：一是材料成本下降，数字货币一旦发行流通，可在体系中不停循环使用，既环保又便捷。例如，现在流通的实物货币包括纸币和硬币，这些实物货币在制造过程中需要消耗大量的纸张和金属，而且纸币的印制工序精密，程序非常复杂，成本较高。以人民币为例，目前正在流通的2019年版第五套人民币印刷技术更加先进。如100元、50元、20元、10元纸币不但都应用了2015年版100元的光变镂空开窗安全线、磁性全埋安全线、竖号码、白水印等防伪特征，而且还运用了光彩光变技术等。相对于纸币、硬币等实物货币来说，数字人民币无需印制，只需设计程序和图案即可，每年可以节省上千亿元的印制费。货币发行部门还可以根据市场反馈，精确调整货币投放和回笼，保持货币的动态供需平衡。随着加密技术或者防伪技术发展，可以很便捷地在原基础上进行升级改造，最大程度节约成本。二是调运成本下降，在央行数字货币体系中，货币的调拨即是数据信息的传递，无需传统意义的武装押运

车队，调拨成本和风险可以实现大幅下降。同时，调拨不再受时空限制，商业银行可以实时根据业务变动，最优化业务库存量，提高货币使用效率。三是货币保管费下降，数字货币把全部体系交互联网化和计算机化，传统货币清点、卡把、保管等环节在数字货币流通体系中将变得智能化、系统化和简单化。另外，数字货币储备在数字货币的云计算空间，无需投入大量的人力成本和物力成本，实体的发行库彻底被虚拟化，货币保管费将转向系统安全的维护和升级成本。四是减少了货币清分和销毁环节。实物人民币在流通使用过程中经常出现磨损，导致残缺、污损是必然的，央行在回笼过程中需要进行清分挑选，并对残缺、污损严重的残币进行销毁，这些也都需要大量的人力、物力成本。数字货币在流通过程中不存在残缺、污损等问题，也无需进行人工清分，因此能够节省清分和销毁成本。

2.精准打击制贩假币

数字货币的专业性、复杂性和科技含量高等特性决定了未来反假币的方式也会变化。从当前理论探讨看，数字货币造假应该主要是黑客通过攻击央行数字货币认证登记系统，或者破解数字货币算法，以及客户端操作界面等技术化手段来实现。以比特币为例，破坏区块链系统难度较高，需要攻击51%以上的节点，但是攻击者可能转而攻击个人或相关平台。与纸币等实物货币防假反假相比，对于数字货币，普通公众很难胜任反假重任，相关管理部门的专业人才，则可以根据网络蛛丝马迹实现精准、及时打击，货币的主动防伪、被动防伪都将变得更加快捷。

3. 货币发行团队趋向高精尖

传统维护货币发行和正常运行的庞大队伍，将被互联网和计算机取代，对业务素质的要求将从技能化操作，转向对高精尖技术的掌握，货币发行管理趋向精细化、专业化和智能化。数字货币发行团队总体素质将大幅提升，人员大量减少。

此外，数字货币还可能对政府和企业融资带来积极影响。数字货币可能会带来金融机构的变革，形成跨越商业银行的金融体系。Libra（天秤币）这类可信任机构的数字货币，有可能形成可以覆盖全球各个角落的金融基础设施，从支付清算入手，逐步进入储蓄、融资、投资、保险、资产交易等领域，渗透进平民大众的经济生活。

当前，数字货币还处在摸索阶段，尽管一些国家和机构也推出了各类数字货币，基于的算法与原理也略有区别，但都远未达到稳定成熟的地步。数字货币最终将走向何方，仍然需要不断探索，也需要相关科学技术和经济环境与之相匹配的同步变化。因此，数字货币对未来金融的影响，尤其在更远的未来，难以给出一个科学的定论，甚至有可能出现颠覆我们目前认知的影响。

比如，在纸币时代，曾经有专家认为，未来的纸币可能会被更有科技含量、便于携带和耐磨的新型材质替代，现在看来，这种预测在未来已经不会实现了。人类货币从看得见、摸得着的货币一跃走向了看得见却摸不着的数字货币，这在电子支付之前谁能预料得到呢。由此可见，货币并没有终极形态，科技的飞速发展也许会将货币形态引向更加神秘的未来。同样，数字货币对金融的影响，目前我们也难以真正分析清楚透彻。抛开知识储备不足等主观因素外，数字货币的未来和金融形态的未来，这种双重不确定性是分析数字货币对未来金融影响的一大难点。当然，基于当下现有的数字货币的形式和金融发展程度，进行一些展望分析，算是抛砖引玉。

数字货币与实物货币的关系

前面谈到，数字货币有非法定数字货币与法定数字货币之分，两者与实物货币的关系还是有区别的，本节内容，我们分两个层面来探讨数字货币与实物货币的关系。

一、非法定数字货币与实物货币的关系

非法定数字货币由于是民间机构或个人根据区块链技术算法创造出来的货币，其特征在前面各章节已做了全面阐述，这里仅仅在一般形式上谈一谈非法定数字货币与实物货币的关系。

由于非法定数字货币去中心化、匿名、发行数量固定等多方面特征，使得它们与实物货币显现五大主要关系：一是两者信用背景不一样。非法定数字货币无论是比特币、以太币还是脸书公司推出

的Libra（天秤币），都没有政府信用作后盾，不具有强制性和法偿性，不是真正的货币，也无法成为一个国家的法定货币。而实物货币往往都是政府发行的可流通货币，是真正充当一般等价物的特殊商品。二是两者不能直接产生兑换。虽然有的非法定数字货币锚定一个国家的法定实物货币，但现阶段还很难被政府和民众普遍认同，当监管趋严的时候，相互锚定的关系就会自动破裂，所以非法定数字货币很难直接与实物货币兑换。三是币值稳定状态不一样。非法定数字货币由于去中心化，没有了政府央行监管，完全取决于市场投资供需状况，价格不稳定，起伏幅度较大。而实物货币通常是一个国家法定的货币，价值相对稳定，一般不会出现大起大落局面。四是参与经济金融活动的方法不一样。非法定数字货币虽然因为其追求货币全球化，意在让去中心化的数字货币成为全球流通货币，抑制通货膨胀，但实际上受到政府管控之后无法达到这样的初衷，虽然其诞生也在全球金融市场掀起了波澜，但无法真正参与到各国正常的经济与金融活动之中，也无法真正发挥支持经济发展的作用。而实物货币是实实在在国家经济活动的“血液”，能有效参与社会经济活动和民众金融生活，是社会向前发展不可缺少的“润滑剂”。五是未来的前景不一样。非法定数字货币由于可能冲击到现有世界各国货币体系，引发了各国央行重视，使得各国央行群起研发法定数字货币，对非法定数字货币进行全力围追堵截，所以非法定数字货币难以有光明的未来，最多只能充当民众的金融投资品而已。而实物货币在完成它光荣的历史使命之后，明天将会向法定数字货币全面过渡，获得新生。

二、法定数字货币与实物货币的关系

法定数字货币只是实物货币的电子化或数字化，两者具有天然的有机内在联系，实物货币是数字货币发展的一个阶梯，数字货币则是实物货币发展的一个方向或高级形态。目前看来，法定数字货币与实物货币的关系可通过多种角度来看。

1. 从形式上看有一定差异：场景感受不同

两者属于两个不同层面的货币，数字货币是一个只能在网络上用数字显现的货币符号，看得见但摸不着，不能将它搬到线下使用，使用感受与实物货币完全不一样；而实物货币则是比较“全面”的货币，既能用肉眼看，也能用手摸，让货币拥有者心里有一种踏实的感受，能让拥有者在消费支付时感受比较满意的使用体验。

此外，数字货币交易会留下痕迹，可跟踪与追索，但是实物现金可实现完全的匿名交易，可给其他犯罪行为留下敞口。

2. 从本质上看：都是国家的主权货币

法定数字货币与实物货币两者都由国家央行发行，都是实实在在的货币，都具有强制性和法偿性，且两者是等值的、通用的，未来需要和平共处相当长一段时期。数字货币不能因为将实物货币数字化而加大它的价值，也不可能因为数字货币的发行简便而任意滥发，都要根据客观实际经济发展状况来决定发行数量，否则就会引发通货膨胀。两者都可用于结算支付和充当国际货币，数字货币只是实物货币发展的一种高级形式而已，除此之外本质上并无差异。

尤其，数字货币不会改变现有货币投放体系和二元账户结构，不会构成对商业银行存款货币的竞争，不会影响商业银行的放贷能力，也不会对实体经济产生负面影响。恰恰相反，数字货币比实物货币更加有利于公众对加密资产的需求，巩固国家货币主权。

3. 从作用上看：都有货币职能

货币是一种充当一般等价物的特殊商品，无论是实物货币还是法定数字货币，都不能离开这个基本功能，否则两者就不可能成为服务社会经济与民众金融生活的媒介物。而且，货币价值尺度、流通手段、支付手段、贮藏手段和世界货币等五大基本职能，实物货币与法定数字货币都同时具备，不会因为实物货币数字化而增加或减少货币的功能。

所不同的是，货币数量符号由实物货币的实际形态向网络的数字虚拟形式过渡，让人觉得有点神秘而已。

4. 从功能属性上看：都能实现无障碍支付。

大家知道，实物货币在使用上比较方便，除了到其他国家使用存在障碍之外，在一国内部购物或支付债务都不存在任何障碍，不可能被任何经济组织或个人拒绝接受。未来的数字货币功能属性与实物货币完全一样，只不过是数字化形态，只要支付双方能够无障碍识别，即可完成支付。比如，两个手机上都装有数字人民币钱包，相互之间便可以通过多种途径实现支付交易，比如扫码、碰一碰等。

不同的是，法定数字货币将会对现有实物货币运行体系产生较大的颠覆作用，使得货币发行与管理体系发生较大改变。尤其是，在充当国际支付工具时，法定数字货币比实物货币更具有优越性，主要是快捷、简便和高效，这是实物货币所无法达到的境界。

5. 从管理上看：都是央行独享话语权

无论实物货币还是未来推出的法定数字货币，“铸币权”都在央行手中，央行在发行与管理货币上具有“至高无上”的权力。也就是说，实物货币与法定数字货币两者都只有一个妈妈——央行，两者的发行规模都由央行根据经济实际运行现状来决定，不可能无限制发行。尤其是，在实物货币与数字货币监管方面，也都用央行制订的相关制度来进行日常管理，比如中国央行在实物货币管理上颁布有《现金管理条例》，这是对实物货币日常管理的根本大法。当然，未来法定数字货币正式登场之后，央行也可能会颁布《数字货币管理条例》，以便对法定数字货币进行日常管理。

两者所不同的是，实物货币日常管理相对简单容易，技术含量相对较低。而法定数字货币由于在发行技术层面上的巨大差异，日常管理程序相对复杂，技术要求高，网络维护、杜绝黑客攻击、防止数字货币信息泄密等，每一项都是技术含量非常高的管理工作。

6. 从技术上看：属于两个层面的货币

众所周知，央行发行的实物货币，主要程序是先设计货币图案，确定采用的材质和防伪技术，经过央行以及相关部门讨论通过之后再交央行专门的钱币公司印刷，印刷出成品之后，经过机器与人工的严格把关，然后才进入央行货币发行库成为发行基金。实物货币为防止其他组织或个人制造假币扰乱市场，在防伪技术上要求特别高。比如，中国央行发行的人民币主要有水印防伪技术、纤维防伪技术、磁性微缩文字安全线防伪技术、胶印缩微防伪技术、油墨防伪技术等，单就水印防伪技术一项就足够复杂了，主要是在制造水印纸张的过程中，利用技术手段将所需要的标识、图案等做入纸中，这些图案平常情况下不易看出，只有对着强光才能看清。在人民币的正面左侧空白处，迎光透视，可见与主景人像相向、立体感很强的毛泽东头像水印。

而法定数字货币则是将实物货币数字化，将线下具体的实物形态搬到线上的抽象图案，虽然数字货币图案看似并不复杂，与实物货币图案有很大的相似性，但数字货币图案背后的技术要求，以及技术含量远非实物货币所能比拟。数字货币用到了当前各种最高级的网络科技技术，尤其其中的分布式记账技术、匿名技术、防盗技术等都是实物货币所不需要的，也是实物货币所无法达到的高度。而且，未来量子技术成熟之后，如果运用到数字货币之中，数字货币的技术性能会更优越，更具有广泛适应性和适用性。

7.从长远出路看：一个退出一个新生

实物货币因为存在不少缺陷，所以需要推陈出新，尤其随着社会经济数字化程度加深，实物货币在很多地方已经不是最适用的“辅助器”与“润滑剂”了，对社会经济与民众生活带来的制约面会越来越宽。由此，在人类网络科技信息技术推动之下，法定数字货币必将诞生。

很明显，实物货币走到今天，将逐步完成它的历史使命。而法定数字货币是人类货币的高级形式，可能又会陪伴人类度过一段较长的岁月，可以预言，人类的货币形式演变将是一场永无止境的革命。

当然，现在数字货币才露端倪，与实物货币还有一段共处的过程，短期内实物货币还不可能完全被法定数字货币所取代。

数字货币能否最终取代实物货币？

从演变进程来看，央行发行的数字货币短期内不可能取代实物货币，两者将会长期并存，因为各国民众在年龄结构、文化程度、生活习惯等方面存在一定差异，而且不同年龄阶段的民众，在接受数字货币的能力、观念等方面存在较大差异，但从大趋势看，数字货币取代实物货币，未来人类将进入无现金社会是无可争议的。

数字货币取代实物货币将是一个渐进的过程，最开始适应和接受的应该是有文化知识，能够懂得和使用智能金融服务器具的年轻人，其次是后一代成长起来的年轻人，等到年龄大一点的老年人逐渐离开这个世界的时候，预计多则50年，少到30年，数字货币就将会全面取代实物货币。

说数字货币最终取代实物货币，并非是瞎猜，是一种不以人的意志为转移的客观趋势。

一、从人类货币发展趋势看，取代是一种必然

货币自诞生以来，随着相关技术的发展，其表现形态和运行方式等一直在不断演变，其目的就是为了不断提高运行效率，降低运行成本，更好地发挥货币功能作用，方便民众生活，促进经济社会发展。纵观世界货币历史，人类社会货币发展演变的清晰脉络是从自然实物货币（如贝壳、骨头、羽毛等）到金属货币（金币、银币、铜币等），再到金属本位制的纸币（代币），再到纯国家信用货币（主权货币、法定货币），其根本的发展方向就是去实物化和数字化。目前，全球部分国家的货币事实上已经在向数字货币方向迈进。比如，网络信息技术诞生之后，电子货币以及其他各种代币工具，都属于数字货币的雏形。尤其随着网络科技信息发展，去现金化、数字化进程正在不断加快。

从实物货币（纸币及金属辅币）到存款货币（以存单、存折等作为载体）再到现在的电子货币，最后到未来的数字货币，每一次货币更替，都是将货币支付功能由复杂到简单，由高成本到低成本，由低效到高效的转化，都是一种跨越和进步，也是人类智慧的结晶。比如实物货币和存款货币在存款或汇款方面消耗了大量人工

操作，增加了成本；到了电子货币之后，主要依靠电子载体，如银行卡、电子银行或移动支付的钱包等，通过电子信息传输与处理来完成，货币收付与合规监控的自动化水平大大提高，货币运行成本大大降低。而未来数字货币普及之后，人类货币表现形态将更加数字化、无形化，运行方式更加网络化、开源化、智能化，使得成本大幅降低，效能大幅提升。

二、从人类拥有的技术能力看，取代是一种进步

人类发明创造出新的货币形态既是一种技术进步的必然，也是民众商品交换自然推动的结果。纸币伴随我们人类经济金融生活已近1000年了，我国北宋时期（大约公元1023年），商人发明并推出的纸币——“交子”，最早出现在四川成都地区，它既是我国最早出现的纸币，也是世界上最早的纸币。当时做生意的商人手中有巨额现金保管不方便，于是就把它交给专门经营现金保管业务的“交子铺户”，铺户把存款数额填写在用楮纸制作的纸卷上，再交还存款人，并收取一定保管费。这种临时填写存款金额的楮纸券便谓之“交子”，这大大方便了商户，也催生了专门经营现金保管业务的“铺户”，也可称为早期的“银行”。

在此之后，全球各国先后出现了纸币，经过不断的设计完善，纸币的种类不断丰富，防伪技术也不断提高，但尽管如此，各国政府始终依然为纸币的日常管理头痛，比如防范假钞、反洗钱、现金发行与回笼、残损纸币销毁等，让各国央行或商业银行费尽了心

血。尤其人类在纸币时代一次次无法逃脱周而复始的通货膨胀，引发了全球多次经济金融危机，给各国民众带来了巨大的金融灾难。也正是基于此，才诱发了非法定数字货币的诞生，非法定数字货币意在通过区块链恒定的、去中心化的发行数量，实现货币无通货膨胀现象，这无疑将会促使世界现存的货币体系产生改变，各国央行为捍卫各国货币的主权不受侵犯，根据非法定数字货币的基本特征及功能，加紧了数字货币的研发步伐，而且推动了法定数字货币技术的进步，使法定数字货币既与非法定数字货币有相似之处，也有高于非法定数字货币的不同之处：既能加强对数字货币的有效监管，又能体现出数字货币的匿名和分布式记账功能。这些特点使法定数字货币更臻于完善，更加适合作为法定货币。

可见，如果没有人类科技水平的进步，没有非法定数字货币的倒逼，法定数字货币可能还要沉寂若干年才能问世。

三、从人类社会经济发展要求看，取代是一种变革

人类社会经济发展形态随着科技水平的进步，也是一步步由低级形态向高级形态演进，从原始社会的刀耕火种，到奴隶社会的简单社会分工，再到封建社会的自给自足，然后到资本社会的机器工业生产，再到现代社会的生产现代化和信息化，使得人类生产能力、社会经济发展速度出现了历史性跨越。在这种跨越中，数字经济也获得了飞速发展。

所谓数字经济，简单地说就是以数据为关键要素的经济形式，

是人类通过大数据的识别、选择、过滤、存储、使用，引导并实现资源的快速优化配置与再生，从而实现经济高质量发展的经济形态。

可见，数字经济的出现，作为一种新社会经济形态需要新的金融形式与之相匹配，才能让数字经济获得更加强大的动能，于是数字货币应运而生，成为数字经济的基石。为此，中国央行也早就在2014年就做好了数字货币研发的各项准备工作。

笔者在《大力发展数字经济为何需要数字货币？》一文中提出："无论是传统经济还是数字经济，都离不开金融的支持，传统经济需要传统金融服务的支持，比如需要为实体企业提供现实的资金支持；而数字经济也必然要求具有与之相适应的金融支持工具，那就毫无悬念地应是创造出新的金融支付场景——数字货币。"

未来，我国数字货币面世，将给我国数字经济发展带来巨大的推动作用，毕竟金融是经济运行的'血液'，而数字货币则会成为数字经济的'灵魂'；可以肯定的是，一个没有数字货币为支撑条件的数字经济肯定无法行稳致远。因为数字货币属于国家的法定货币，可以抵挡其他加密虚拟数字货币的干扰或冲击，有利国家金融秩序稳定，不会对数字经济发展带来负面影响。尤其，不给那些打着数字货币旗号从事网络炒作、欺诈，并以圈钱为目的的所谓货币创新活动以任何可乘之机，避免危害我国数字经济的健康发展。另一重要的因素是，数字货币支付的快捷性、无所不在性，远非实物现金或转账支付所能比拟的，这与数字经济快捷性、高效性发展目标是高度一致的，对推动数字经济与实体经济发展相融合、相协调及金融支付数字化、生态化都将起到重要作用。

从未来全球金融业发展现实看，货币数字化也将成为一种走势，目前已有很多国家着手数字货币的研发，有些国家已将数字货币的研发纳入重要金融发展目标。比如美国如果承认Libra（天秤币）的合法地位，就意味着Libra（天秤币）将在跨境支付领域可能有比较大的发展前景，对于各国的货币政策、金融稳定，乃至对国际货币体系可能都会产生重大的影响。中国政府必须在数字货币研发与推进方面有所作为，否则就有可能在这场没有硝烟的货币战争中陷入不利局势。

四、从人类追求生活品质看，取代是一种提高

货币发展到信用货币也即国家法定实物货币之后，相对过去的贵重金属货币是一次重大的社会进步，给人类带来极大的方便，但是实物货币依然有它的缺陷或制约因素。比如，印刷与发行成本依然较高、管理依然存在不少隐患，民众携带实物货币也存在一定的安全风险，这一切与法定数字货币有可能给人们金融生活带来的高效便捷、安全以及不同的使用场景相比起来，实物货币显得是那样的落伍与不合时代节拍。

尤其，未来法定数字货币提供给人类的各种优越功能，会更增添民众对数字货币的向往和追求。从微观方面看，数字货币采用可控匿名的方式，央行可以查询追踪交易记录，商业银行、支付机构

等无法查询交易信息，可以真正实现点对点交易，即时实现货款两清，也有助于保护个人交易信息和隐私。笔者有一个大胆的设想：未来民众在全球其他国家投资或进行资产配置，或者出国留学深造、旅游购物时，只要按照国际机构协定的外汇汇率，就有可能进行数字货币之间的直接兑换，可减少很多不必要的中间环节，使人们的金融生活驶入快车道，对提高全球民众金融生活品质、提供金融投资理财收益等方面带来无限利好。

五、从维持央行货币稳定角度看，取代是一种博弈

众所周知，货币最核心的职能之一是充当价值尺度，但充当价值尺度就必须有一个稳定的货币运行环境，这是各国政府所需要的，也是应该努力提供的。显然，保持一个国家货币币值的基本稳定，既是一项民生工程，更是一项政治工程，因为这牵涉到一个国家的主权问题，货币的独立自主发行以及发行数量、使用范围完全是一个国家的主权象征，需要国家法律保护。

而在非法定数字货币大量涌现的时代，如果各国政府央行无动于衷，其后果将会是相当严重的，由于非法定数字货币去中心化，没有政府监管，其匿名性不仅会为各类金融违法犯罪活动提供契机，也更让现有的实物货币受到冲击，既会使各国现有货币体系失灵，更会因此引发货币价值大起大落，极不利于一个国家金融稳定，无法让各国实物货币更好地服务经济和促进社会经济发展，也会给民众带来巨大的金融损失。

很明显，当下各国央行与民间机构之间不得不展开一场争夺数字货币高地的殊死搏斗，现在双方真的已到剑拔弩张的时候了！如果各国央行不推出法定数字货币，就会让现有实物货币体系有被全面打败的可能，到时央行的货币主权就会丧失殆尽。

目前全球有80%的国家投入到了法定数字货币研发与推广，这是必须的，也是应该的，唯有努力推出法定数字货币，才有可能在新的货币金融竞争中不被非法定数字货币打败。因此，眼下非法定数字货币虽然给各国央行带来了一定的冲击，但从发展的眼光看，这其实是好事，会倒逼各国央行加速法定数字货币的推出，让全球尽快进入无现金社会。

六、从提高央行货币操控能力看，取代是一种使命

一个国家央行管控货币目的就是稳定货币币值，并根据货币运行变化，制定切实可行的货币政策，以此确保物价基本稳定和民众金融财产不受损害，进而促进社会经济稳定和发展。在传统实物货币的流通环境下，央行操控货币政策受制于诸多因素，使得制定出的货币政策与现实金融经济的需求，经常存在不吻合的地方。尤其是，在非法定数字货币诞生之后，央行货币操控能力将会受到极大的挑战。如果各国央行不随机应变，推进数字化的实物货币，央行可能会丧失对货币及货币政策的操控权，全球现有的货币体系也将受到冲击。

由此，央行应尽可能快地推出法定数字货币，建立一套全新的

数字货币操控体系，这样才能对非法定数字货币形成强大的防御系统。可以预见，全球各国数字货币体系框架建立起来之后，从宏观方面看，央行可通过数字货币发行，精确测算货币量、货币结构、货币流通速度等，为各国开展宏观调控提供更加详实准确的数据基础，从而有助于各国完善货币供应调控机制。同时，也有利于建立全球新型数字货币运行与监管的框架，对全球贸易结算支付也将起到重要支撑作用。值得一提的是，数字货币的中心化性能有利于各国政府通过央行开展反洗钱、反病毒攻击、反腐败等方面的合作，为全球建立起牢固的金融安全阵线。

从微观方面看，数字货币的推广应用可以推动各国有效开展日常货币的发行与监管工作，有助于货币监管效能的最优化，对商业银行支付结算、客户服务、普惠金融、产品创新等方面也将产生重要影响。而且也有利于各国政府利用央行发行的数字货币在反洗钱、反贪污腐败、反漏税等方面发挥作用，让数字货币在建立廉洁政府、消除社会财富不均等方面产生强大的社会效应。

从另一种角度看，法定数字货币出现后，还会给各国民众带来新的金融投资机遇。这主要表现在与数字货币有关的概念股将呈较快增长态势，与数字货币有关的企业都会获得新的发展机会，全球民众在资本市场投资中有更多投资机会。

I

第四章

数字货币款款步入寻常百姓家

DIGITAL
CURRENCY

数字货币的脚步声已然临近，作为一种即将和民众生活须臾不可分的货币，它最终能获得民众的认可与“爱戴”吗？数字货币在未来世界，到底是扑面春风，还是疾风骤雨？相信全球民众都正在拭目以待。

如何用数字货币“买买买”？

前面我们提到，早在2014年，中国人民银行就成立了专门的团队，开始对数字货币的相关技术问题进行专项研究，包括发行框架、关键技术、发行流通环节以及相关国际经验等。2017年1月，中国人民银行数字货币研究所正式成立，并赋予其相应的工作职责，即根据国家战略部署和央行整体工作安排，专注于数字货币与金融科技创新发展，开展法定数字货币研发工作。2019年，人民银行基本完成了法定数字货币的顶层设计、标准制定、功能研发和联调测试等工作。

截至2020年4月，中国人民银行已为数字货币及其相关内容提交了130件专利申请，这些专利包括数字货币的发行、流通、应用的全部流程，形成了数字货币从发行到使用过程的完整产业链。在此期间，也已完成相应的技术储备，具备了数字货币的落地条件。而从4月起，数字货币也开始了小范围的试点工作。与其他国家相比，我国数字货币的研发已经走在了世界的前列。

2020年8月14日，中国商务部印发的《全面深化服务贸易创新发展试点总体方案》中，在“全面深化服务贸易创新发展试点任务、具体举措及责任分工”部分第93条提到，在京津冀、长三角、粤港澳大湾区及中西部具备条件的试点地区开展数字人民币试点。中国人民银行为此制订了政策保障措施，并先由深圳、成都、苏州、雄安新区等地及未来冬奥场景相关部门协助推进，后续视形势扩大到其他地区。

2020年10月，深圳市人民政府联合人民银行开展了数字人民币红包试点。这意味着数字人民币在实际应用过程中又向前推进了重要而且非常关键的一步，并且已进入试运行阶段。数字人民币，离我们的日常生活已经越来越近。

一、数字货币将比实物货币更受欢迎

既然央行将数字货币定位为M_0，将来要逐步替代实物现金，那么，我们就应该了解央行为什么要用数字货币替代现金。实际上，这与当今数字经济快速发展有关，同时也与央行降低货币发行成本的客观要求存在必然联系。

数字人民币就是人民币的数字化，与实物货币不同的是，它具有几大特征：第一，数字人民币是以数据的形式存在的，是一组数据，而不是具体实物，不像纸币、硬币那样看得见、摸得着。第二，数字人民币需要有手机等电子设备载体承载，离开这个载体便无法存在。第三，数字人民币只需下载数字钱包就可使用，不需要在商业银行申请银行账户。第四，数字人民币钱包不需要手机号绑定，但当前需要用手机号进行数字人民币钱包开立的认证，如果不借助手机这个载体，就没有办法发回验证码。随着数字人民币钱包的不断完善，今后认证的方式还会增加，即只要能够成为唯一身份的标识，就可以开立数字钱包。

数字货币可以节约客户的交易成本。目前，无论是银行支付，还是支付宝、微信支付都是有成本的，而数字人民币支付成本很低。比如，在日常交易中，数字货币可以避免找零带来的麻烦，几秒钟即可完成支付交易，因而大大降低了交易成本。

二、数字货币怎么使用——以数字人民币为例

数字人民币能够节省大量的印制、发行、调拨、存储、守库押运等成本，并且支付使用方便，因此推广使用也就成为央行的必然，是大势所趋。

纸钞和硬币是实物货币，拿在手上随时就可使用。数字人民币与纸钞和硬币就有所不同了，需要特殊的载体，如果没有这个载体，

数字人民币就无法存在和使用。从目前各地的实践来看，这个载体主要就是我们日常使用的手机。目前，广大农村地区基本实现了“三通”，手机基本实现了全覆盖，为数字人民币的推广应用提供了重要的条件。随着数字人民币使用载体的不断扩容，还会出现其他一些新的工具作为数字货币的载体。但不管是什么载体，消费者在使用数字人民币的时候首先需要按照指引，下载安装“数字人民币APP”。在安装完“数字人民币APP”后，还要按照要求进行注册，只有注册成功后，有了数字人民币钱包才能够使用数字人民币。

2020年10月，深圳罗湖区“礼享罗湖数字人民币红包”的使用，就是这样一个顺序。“礼享罗湖数字人民币红包”中签者需要按照要求下载数字人民币APP，数字人民币APP安装认证完成后，就有了自己的数字钱包。打开APP，首先跳出来的是欢迎使用数字人民币的界面，界面上还附有“上滑付款”“下滑收款”“法定货币”“双层运营”等数字人民币钱包的特征。在付款界面显示有二维码以及碰一碰的方式。

数字人民币支持“双离线支付”，也就是说，当介质和受理终端在都离线的情况下也可以完成具体业务过程。央行数字货币研究所所长穆长春曾提到：“你可以想象这样的场景：只要你我手机上都有DC/EP的数字钱包，那连网络都不需要，只要手机有电，两个手机碰一碰，就能把一个人数字钱包里的数字货币，转给另一个人。”由此可见，使用数字货币进行消费支付是非常方便的。

有人关心，数字人民币钱包里的钱即数字人民币究竟从哪里来，怎样获取。其实，这和实物现金一样，是中国人民银行根据市场对数字人民币的实际需要发行给商业银行，再由商业银行兑付给客户。目前来看，只需要有一个银行关联账户，数字人民币钱包和这个账户关联后就可以随时随地为数字钱包充值了。那么，没有这个关联账户是不是就不能为数字钱包充值了呢？也不一定。就目前情况看，可以让持有数字钱包的另外一个人通过扫码或者碰一碰等方式为你转账充值。

目前，从网上已知的信息，数字人民币的支付交易可能采用的是NFC技术，中文表述就是近场通信技术（Near Field Communication，简称NFC），顾名思义就是一种实现近距离信息交换与传输的新兴技术。使用了NFC技术的设备（例如移动电话）可以在彼此靠近的情况下进行数据交换。比如，两个都有NFC功能的手机，在安装了数字钱包后，就可以在一定条件下轻松地相互读取信息，从而实现数字货币的支付。数字货币既可以在线完成支付交易，也可以实现“双离线支付”。在线交易很常见，我们经常使用的微信、支付宝、网上转账等都是在线交易。

“双离线支付”是数字货币优于其他电子货币的重要特征，也是兼具普通纸币和电子货币各自优点的重要体现。“双离线支付”主要通过交易完成之后的延期付款来完成闭环交易的过程。“双离线支付”的本质是一种收付双方均认可的延迟交易。“双离线支付”过程是付款方用与其绑定的私钥，对支付承诺进行签名，然后将已签名的支付承诺交给收款方。收款方在恢复联网之后，向央行提交该支付承诺。由于该支付承诺已经被付款方签名，虽然是由收款方提交给央行的，但央行验证通过后，同样可以完成交易确认。这类似于付款方开具支票，收款方事后凭支票向银行要求兑付。当然，数字人民币到底是怎样实现“双离线支付”，目前人民银行并未公布，我们也只能从基本原理做一些尝试性解释，未必十分正确。

三、数字货币都能够买啥

过去，人们在日常生产生活和消费过程中，只要手中有实物人民币就可以在任何场合、任何环境下支付相应的价款和费用，购买自己需要的商品和享受相应的服务。持有数字人民币同样会有这种感受。

2020年10月25日，在第二届外滩金融峰会上，中国人民银行数字货币研究所所长穆长春在谈到数字人民币使用时讲到，数字人民币是由人民银行发行的数字形式的法定货币。由指定运营机构参与运营并向公众兑换，以广义账户体系为基础，支持银行账户松耦合功能，与纸钞和硬币等价，具有价值特征和法偿性，支持可控匿名。也就是说，数字人民币和纸钞、硬币等价，只要纸钞能买的物品，数字人民币都能买，纸钞能兑换的外币，数字人民币也能兑换。

这就给数字人民币的使用者吃了个定心丸。只不过，现在还有一些消费场所没有全面进行POS、扫码支付等收款设备方面的升级改造，还不能够进行数字人民币的收款。对此，消费者也不用过于担心，央行既然已经在一些地区开展试点，这些问题就会逐步得到解决的。随着数字人民币推广使用的逐步扩大，各个商家、店铺升级改造收款设备以后，只要你持有数字人民币，无论走到哪里都能够尽情地消费，畅通无阻的买买买。

但有一点应该引起人们注意，即，我们手中持有的现金，只要不存入银行，不购买基金、债券、股票等金融产品，不进行投资、理财是不会有收益的。既然数字人民币主要定位于流通中的现金和公共产品，那么，你手中持有的数字人民币就如同持有的现金一样，央行和商业银行不会给你计付利息的，也不会有投资收益的。数字人民币具有非盈利性，主要追求的是社会效率和福利的最大化，央行向各家银行发行时不收取流通费用，商业银行也不向客户收取数字人民币的兑出和兑回服务费。

四、感受数字货币的使用场景

数字人民币具有法偿性，主要定位于现金，因此，在使用上就需要遵守《中国人民银行法》《人民币管理条例》以及与人民币现钞管理的相关法律法规。现行法律法规规定，以人民币支付我国境内一切公共和私人债务，任何单位和个人在具备接收条件的情况下不得拒收。同样，对于使用数字人民币支付我国境内一切公共和私人债务时，任何单位和个人在具备接收条件的情况下也不得拒收。这也将在修订后的《人民银行法》中得以充分体现。

从目前各试点地区亮相的数字人民币支付方式来看，数字人民币支付方式包括支持条码支付、刷脸支付和碰一碰等多元支付方式。数字人民币的应用场景已覆盖生活缴费、餐饮服务、交通出行、购物消费、政务服务等多个领域。随着数字人民币试点范围的进一步扩大，以及全面推广应用，数字人民币的使用将如同实物现金一样覆盖所有消费领域。

资料显示，截至2020年8月底，全国共落地试点场景6700多个，覆盖生活缴费、餐饮服务、交通出行、购物消费、政务服务等多个领域。累计开立个人钱包11.33万个、对公钱包8859个，交易笔数312多万笔，交易金额超过11亿元。随着数字人民币技术的进一步成熟和在更大范围内的推广使用，数字人民币将逐步覆盖人们生活的各个领域。

不用担心丢失的“钱”

数字货币之所以会成为未来人类社会发展的一种趋势，除了非法定数字货币的倒逼之外，也是人们追求金融生活现代化、高品质化的必然需要，但资金安全是第一要素，如果没有了安全作保障，数字货币不可能成为法定数字货币。所以，全球各国看好数字货币的前景，主要是基于它的安全性能。

即便是民间的非法定数字货币，比如比特币、以太币等都是有一定的安全保障的，非法定数字货币主要从它的特点可以看出它的安全性，它具有较强的匿名性以及去中心化的特征，同时加密数字货币基本上由持有人自己保管账号的数字信息，设置的账号是由椭圆曲线数字签名算法（ECDSA）生成的公钥，信箱的主人有把特殊的钥匙，就是与ECDSA公钥对应的私钥，只有使用这个私钥，才可以打开信箱并取走（花费）存放在里面的比特币，为应对设备丢失或文件损坏的情况，可把私钥文件备份到其他设备上，如U盘、移动硬盘等，然后把备份设备存放在安全的地方，遇到设备故障可以恢复私钥，可基本上做到非法定数字货币的安全。而法定数字货币虽然基于非法定数字货币的区块链技术，但高于区块链技术，主要是坚持中心化原则，且大都依托大数据互联网等电子信息平台运行的特定专用线，涵盖国内与国际通道，换言之：就是“一金库一钥匙一秘钥”（简称“三秘”）。所以，法定数字货币更加安全可靠，更加能让数字货币的隐形身份得以永久“存活”。

很明显，无论非法定数字货币还是法定数字货币都是相对安全的，人们不用太担心一些小概率或者根本不可能发生的现象。

一、法定数字货币的安全性如何?

数字货币从直观形体上看，它是脱离了物理载体的货币，物理的实体不管是银子或者奶酪或者是盐，它都是可以模仿或者复制的，而数字货币的诞生是区块链高信息科技的产物，它天生就超凡脱俗，具有“神仙”一般的“法力”，不可能轻易被“攻破”的，它的安全性主要体现在：

1.具有“金刚不坏”之身

数字货币存在虚拟的网络世界里，无论外界怎样变化，即使是遭遇地震、火灾、水灾或者战争，只要网络世界还在，它就会始终“存活”于虚拟世界之中，巍然不动。

2.具有超高的“隐形术”

因为数字货币都具有高度的匿名性，谁拥有多少钱、钱存在哪里，只有央行管理机构可能掌握，其他人或机构都不可能知道，只要拥有者本人不愿意告诉别人，它会永久处于“绝密”状态。

3.有强力的监控机构和监控系统

数字货币由央行负责发行与管理，且运用严密的风控技术和货币模型，确保了发币和转账的安全。比如，中国央行采用“中央银行-代理投放的商业机构”这种双层投放模式，并采用“松耦合账户体系”，只要代理投放机构每日将交易数据同步传输至央行，央行就可以掌握必要的数据，确保审慎管理，并使反洗钱等监管目标得以实现，这也能减轻商业机构的系统负担。在这种内控“全覆盖”模式下，无论“骗子”的手段多么高明，都无法逃脱央行的“火眼金睛”，做假账、偷盗等不法行为都将很难发生。

4.财产安全更加可靠

法定数字货币具有法偿性特点，由央行发行，代表着国家的信用，有国家主权背书，因此财产的安全性更高。而其他非法定数字货币则不然，如果非法定数字货币钱包遭到黑客的攻击或交易平台卷款跑路，或者发行主体破产倒闭，这些数字货币的持有者将面临损失。

5. 载体损害或者丢失，数字货币依然安全无恙

存储比特币的设备如果丢失、损毁，比特币就会随之丢失，且不可恢复。数字人民币以手机等为载体，具有多种认证方式，载体丢失或者损坏，数字人民币不会轻易丢失。

二、数字人民币为何更加安全可靠?

央行发行数字货币的目的非常清楚，就是顺应时代发展需要，替代实物货币即现金，降低流通成本，方便交易，同时防止假钞和被盗等情况的出现。

1. 数字人民币不用担心被偷、盗、抢

据上饶市广播电视台2020年8月11日报道，7月18日，上饶弋阳县张女士家藏在衣柜里的保险柜被人偷走，里面有80万元现金，还有价值7万多元的金银首饰。这是张女士夫妻俩苦心经营多年攒下的血汗钱。他们为了方便做生意时周转，钱一直都放在家中的保险柜里面。报警后，犯罪嫌疑人被抓获，警方追回了61.2万元现金和金饰品，但仍有部分损失。

如果消费者使用的是数字人民币，根本不可能被偷、被盗、被抢。

2.数字人民币不用担心传播病毒、病菌

众所周知，市场上流通的现金要经过多人之手，难免会沾染细菌和病毒。有实验测试结果证明，纸币上附着的细菌种类包括：金黄色葡萄球菌、表皮葡萄球菌、链球菌、大肠杆菌、毛霉菌等20多种，这些细菌进入人身，可能会引起肺炎、败血症、脓毒症、咽喉炎等病症。北京化工大学对北京市人民币污染状况调查发现，不同的钱币上细菌数差异很大。一张1元纸币最干净的有2600个细菌，最脏的细菌数为180万个，呈“良莠不齐”状。而10元纸币整体要比1元携带的细菌数少，因为钞票面值越大流通机会越少，沾染细菌数也较少。

为了保证实物现金的卫生安全，央行需要定期对人民币进行除臭、灭尘、灭菌处理，这也是实物现金难以革除的弊端之一。而数字货币普及后，将不必担心它的卫生问题。

3.数字人民币安全性更强

数字货币由于没有实物形态，所以持有者不必担心电子钱包里的“钱”会因为保存不善而丢失，也不用这塞那藏，不用担心火烧、水泡、鼠咬、埋在地里腐烂等导致残损，更不用怕小偷惦记。并且法定数字货币能满足持有人“非接触”支付的需求，同时，有国家信用的背书、较强的抗偷盗以及可追溯性，因而数字人民币具有更强的安全性。

数字人民币安全性更高

数字人民币除了安全可靠，个人隐私将得到更好保护外，还具有溯源、追踪能力。在数字人民币的设计中，央行增加了“大数据分析中心”，因而具备了对数字货币全面管控的功能。央行充分利用大数据、人工智能等技术，对数字货币环境下央行数字货币的全生命信息进行分析，以了解货币运行规律，为央行货币政策、宏观审慎监管提供可靠数据支持，便于央行更高效地制定和执行货币政策，提升货币政策调控的灵敏度。其实，这只是“大数据分析中心”的功能之一。

央行还可以通过“大数据分析中心”全面掌握每一笔数字人民币的支付情况，掌控数字人民币流动轨迹。因为使用数字人民币交易的一切支付信息都必须向央行备份，所以用户使用数字钱包里的“钱”进行每笔交易或支付时，央行都能准确地进行掌握，都是有案可稽的，没有谁能够逃脱央行管控的“千里眼”。也就是说，客户无论使用哪家银行或其他运营商的数字钱包，都无法逃脱央行的监管。大数据分析中心这一功能对打击洗钱、恐怖融资、金融诈骗、逃税等违法犯罪行为会起到重要作用，对一切经济犯罪无疑具备强大的杀伤力，有助于维护金融稳定。

未来央行发行的数字人民币，可以产生以下一些作用。

一、有利于打击贩毒、涉黑等洗钱犯罪

在我国，贪污腐败、贩毒和洗钱犯罪有着密切的关联。从已经披露的案例来看，贪污腐败分子和贩毒集团在侵吞和侵占国家、集体和人民财富后，通过各种渠道将资金转移到境外机构，然后再利用我国吸引外资的优惠政策，将这些赃款通过一些渠道摇身变成合法来源，以外商投资的名义回国投资办厂。这样就形成了一个权力与金钱相互依存、里应外合的洗钱链条，从而将黑钱洗白，赤裸裸地侵占国家、集体和人民财富。著名的案例有如下几个。

1. 许超凡洗钱案

中国银行广东开平支行前行长许超凡与其两位继任者余振东、许国俊等人利用职权，在9年内贪污挪用公款4.83亿美元，这是新中国成立以来，我国最大的监守自盗案。许超凡将贪污的资金以投资的名义投入开平涤纶集团新建厂，再利用公司间资金往来的方式经该厂的银行账户转账至许设立并控制的香港潭江实业有限公司，进而通过香港谭江实业有限公司将资金以公司经营所得的形式转至香港和加拿大的个人账户，达到洗钱的目的。

2. 罗赛香地下钱庄案

2000年，顺发茶行老板娘罗赛香通过骗取有关人员的身份证注册了29个空壳公司，利用这些公司开设了大量账户，当有人找到他们兑换外币的时候，将需要兑换的人民币打入其银行账户上，罗再通过境外关系将钱转换成外币，存在对方国外或国内账户内，

从而达到洗钱目的，涉及金额高达9亿人民币。

3. 黄广锐洗钱案

2003年5月到2004年8月，黄广锐通过购买外来务工人员的身份证，在深圳多家银行开设了50多个账户，然后用这些账户为一个走私香烟团伙进行转账和提现，洗钱金额1.1亿元人民币。

为了预防洗钱活动，维护金融秩序，遏制洗钱犯罪及相关犯罪，2006年10月31日，第十届全国人民代表大会常务委员会第二十四次会议通过了《中华人民共和国反洗钱法》。该法明确了金融机构反洗钱义务，金融机构应当依照《反洗钱法》规定建立健全反洗钱内部控制制度、客户身份识别制度、客户身份资料和交易记录保存制度，金融机构应当按照规定执行大额交易和可疑交易报告制度。但由于金融机构工作人员存在履职不到位的问题，甚至与犯罪分子合谋，因此洗钱犯罪至今仍然存在。

未来，数字人民币在更广泛领域推广使用之后，使用数字人民币的一切交易和支付活动都在央行的掌控之下，通过大数据对相关账户的分析，即可以发现异常账户以及账户中的非正常交易和支付，为反洗钱工作提供重要的线索和相关依据。

二、有利于打击赌博、非法集资和金融诈骗犯罪

非法集资是未经有关部门依法批准，向社会不特定的对象筹集资金，并承诺在一定期限内给出资人还本付息。非法集资形式多种多样，但其资金往来却具有一定的特征，非法集资账户具有多个账

户一定时期内，一定数量的群众分散向该账户存入等额或成倍数资金，短期内募集大量资金后，集中转出或定期向汇款人返还一定（固定）数额的收益。如果数字人民币得以全面使用，央行即可通过对数字人民币账户的分析，精准锁定涉嫌非法集资的账户。

对于赌博来说，也可以通过账户资金的变化分析出来。大量的赌博行为都发生在夜深人静的时候，而且所有的赌博交易都是整百整千。而且账户交易频繁，从小额到大额，最后又突然没了交易，这就符合赌博的特征。对于涉嫌金融诈骗的款项交易，同样具有其相应的特点，通过大数据分析，亦能够掌控。未来，央行能够通过数字人民币大数据分析平台，为涉及资金案件的破获提供有力证据。

三、有利于打击贪污腐败犯罪

数字人民币与现金一样，也要遵守大额现金管理及反洗钱、反恐融资等法律法规，需要按照中国人民银行《关于开展大额现金管理试点的通知》，配合反洗钱相关工作，按照现行大额现金存取要求，大额数字人民币存取也要进行登记，对于数字人民币的大额及可疑交易相关机构也必须向央行报告。

数字人民币使用的有迹可循，对于打击贪污腐败犯罪，必将起到强烈的震慑作用。未来，像赖小民、马超群等贪污腐败分子家藏亿元现金的现象将成为历史。

数字货币将渗透民众生活领域

种种迹象表明，数字货币已经渐行渐近，全面普及只是时间问题。那么，数字货币将会以怎样的身姿“飞入寻常百姓家”呢？我们不妨大胆展望一番。

一、数字货币将成为消费支付的新时尚

此前，央行有关人员均已明确表示，央行数字货币是法定货币，是数字化的人民币，与现行流通的纸币和硬币等值。2020年10月16日，央行发布《中华人民共和国中国人民银行法（修订草案征求意见稿）》公开征求意见。《征求意见稿》第十九条规定，人民币包括实物形式和数字形式。第二十二条规定，任何单位和个人不得制作、发售代币票券和数字代币，以代替人民币在市场上流通。这就为发行数字货币提供了法律依据。

既然央行发行的数字人民币是法定货币，那么，根据现行法律法规规定，任何机构和个人都不能拒绝数字人民币的使用。如果商户等拒绝数字人民币的使用，拒收数字人民币，这种行为就是违法的。随着央行数字货币落地应用，广大群众选择消费支付的方式将更加丰富，也更加方便快捷。

1.消费更便利

从深圳、苏州、雄安新区、成都等四地试点来看，数字人民币

最先使用的领域是生活消费领域。在苏州，已有公务员领到以数字人民币发放的工资补贴。在深圳，已有5000名在新冠肺炎疫情防控中做出重要贡献的医护工作者，使用数字人民币红包在指定商户消费。有市民反映，使用数字人民币就像使用支付宝和微信一样非常方便，还有的市民虽然不会使用支付宝、微信等进行支付，但经过简单的培训，很快就会使用数字人民币进行消费支付。随着试点范围的不断推广，使用数字人民币的领域还将继续增加。

2020年7月，央行数字货币研究所与滴滴出行正式达成战略合作协议，将共同研究探索数字人民币在智慧出行领域的场景创新和应用。未来打的出行不仅可以使用支付宝、微信支付，还可以使用数字人民币进行支付。2020年9月，央行数字货币研究所又与京东数科正式达成战略合作，双方以数字人民币项目为基础，共同推动移动基础技术平台、区块链技术平台等研发建设。同时将结合京东集团现有场景，共同促进数字人民币的移动应用功能创新及线上、线下场景的落地应用，将给消费者网上购物带来更加便捷的消费体验和支付服务，有助于推进数字人民币钱包生态建设。另外，手机支持的“数字人民币硬件钱包”功能计划也将很快落地。华为方面就表示，HUAWEI Mate 40系列手机会按照人民银行数字货币研究所的统一标准，支持“数字人民币硬件钱包”功能，数字人民币试点地区白名单用户可以使用这一功能。

2.体验更丰富

从民众的体验角度上来看，央行数字货币和第三方支付的使用方式虽然很相似，都需要移动终端设备，但体验却不同。客户使用支付宝和微信上必须绑定一个银行账户，而数字人民币却不需要绑定银行账户。支付宝和微信两个支付工具都是基于商业银行结算，他们之间无法进行转账，而央行数字货币却可以打破支付行业的壁垒，在所支持的银行和支付工具间实现流通。再者，央行数字货币将作为一种补充支付手段进入老百姓的生活，不会排斥支付宝和微信支付的存在，未来支付宝和微信等第三方支付也将接入央行数字货币，支付宝、微信支付同时还包括了数字人民币。支付工具的功能更加多元化了，群众的体验也得以进一步丰富。

我们可以大胆的想象，将来无论是旅游购物、住宿餐饮、娱乐健身、乘车购票、登机坐船等，只要你随身带上数字人民币钱包，只要是想花钱，随处都能够使用数字人民币付款。假设你的汽车上装载带数字人民币电子钱包，当你去加油站加油的时候数字货币就能自动扣款。假如你想缴纳水、电、暖、气等各种生活费用时，数字钱包照样能够满足。未来的数字货币不仅仅限于消费场所使用，其他领域如发放工资、补贴、津贴，大额款项的转账，投资者购买基金、理财、保险等金融产品，各个领域都将全面普及。使用数字人民币消费方便、实惠、更潮流。

3.限额更适度

2016年，中国人民银行发布了《关于加强支付结算管理 防范电信网络新型违法犯罪有关事项的通知》，通知规定，自2016年12月1日起，同一个人在同一家银行（以法人为单位，下同）只能开立一个Ⅰ类户（为银行结算账户，含银行卡），在同一家支付机构只能开立一个Ⅲ类户。2018年，中国人民银行又下发《关于改进个人银行账户分类管理有关事项的通知》，并规定，同一银行法人为同一个人开立Ⅱ类户、Ⅲ类户的数量原则上分别不得超过5个，Ⅲ类户任一时点账户余额不得超过2000元。

三个种类账户的功能是不同的，Ⅰ类户好比个人的“金库”，工资收入等主要资金来源都存放在这里，安全性也比较高，可以用于现金存取、大额转账、大额消费、购买投资理财产品、公用事业缴费等。Ⅱ类户好比个人的“钱包”，日常的刷卡消费、网络购物、网络缴费都可以通过该账户办理，甚至还能购买银行的投资理财产品。Ⅲ类户好比个人的“零钱袋”，比较适合用在金额较小、频次较高的交易，尤其是目前银行基于主机的卡模拟（HCE）、手机安全单元（SE）、支付标记化（Tokenization）等创新技术开展的移动支付业务，包括免密交易业务等。但银行对Ⅱ类户、Ⅲ类户取款及转账金额都有一定的限制，避免钱财损失。

与目前客户在商业银行开立个人账户一样，央行数字人民币钱包可分为一类钱包、二类钱包、三类钱包和四类钱包。比如，《中国建设银行数字人民币钱包个人客户服务协议》中就有如下内容，数字人民币钱包类型可分为一类钱包、二类钱包、三类钱包和四类钱包。对于一类、二类和三类钱包，客户在建设银行所属机构内每种类型的钱包只能开立一个。数字人民币二类钱包余额上限为1万元，单笔支付上限为5000元，日累计支付限额为1万元，年累计支付限额为30万元。数字人民币三类钱包余额上限为2000元，单笔支付上限为2000元，日累计支付限额为2000元，年累计支付限额为5万元。数字人民币四类钱包余额上限为1000元，单笔支付上限为500元，日累计支付限额为1000元，年累计支付限额为1万元。钱包限额及各类钱包具体服务内容以人民银行最新公布的内容为准。客户在营业网点可以开立数字人民币一类钱包、二类钱包和三类钱包；通过远程渠道可开立数字人民币二类钱包、三类钱包和四类钱包。

由此可见，一类钱包只能在银行柜面开立，二、三类既可以在柜面开立也可以在网上开立，但只限一个，四类钱包只限于网上开立，且无数量限制。另外，对人民币数字钱包对支付金额也会做出限定的，比如转账到银行卡的单笔支付限额为5万元，日支付限额为10万元，余额上限为50万元。但不管怎样，央行都会充分考虑大众需求的，不会给日常消费和转账支付带来不便。

4.交易零成本

现实生活中，人们更加关注的是交易成本问题，不管是谁都愿意降低收费标准，而不愿意被收取任何费用，数字人民币就做到了这一点。无论你是在商业银行兑换还是交回数字人民币，或者使用数字人民币支付任何款项，银行以及运营机构均不收取任何费用，交易成本为零。

大家都知道，通过商业银行进行转账结算是有成本的，商业银行要按照规定以及转账额度对客户收取工本费、结算手续费，银行卡跨行异地存取款也要收取一定的费用。而对于个人客户来说，使用网上银行、手机银行进行交易是免费的。对于第三方支付来说就有所不同了，从商业银行给第三方机构转款是免费的，而从第三方机构向银行机构转款，就相当于在第三方机构提款，超过一定额度是要付费的。对于一般商户来说，更不一样，商户在日常接受移动支付的时候，实际上还要交纳一定的手续费给移动支付的公司，从第三方支付机构兑换商业银行账户系统同样需要支付手续费，这就给消费者尤其是个体工商户带来了额外的成本。但是使用数字人民币就完全不用支付手续费，因为数字人民币实际上就是一种现金的形式，央行和商业银行不收取任何费用，所以客户是零成本交易。

二、数字货币将推进普惠金融发展

普惠金融是指立足机会平等要求和商业可持续原则，以可负担的成本为有金融服务需求的社会各阶层和群体提供适当、有效的金融服务。简单说就是要降低金融服务的门槛，提供让大众都受益的金融服务。2015年12月，国务院发布《关于印发推进普惠金融发展规划（2016—2020年）的通知》，并指出小微企业、农民、城镇低收入人群、贫困人群、残疾人、老年人等特殊群体是当前我国普惠金融重点服务对象。大力发展普惠金融，是我国全面建成小康社会的必然要求，有利于促进金融业可持续均衡发展，推动大众创业、万众创新，助推经济发展方式转型升级，增进社会公平和社会和谐。同时提出了具体目标，即：到2020年，建立与全面建成小康社会相适应的普惠金融服务和保障体系，有效提高金融服务可得性，明显增强人民群众对金融服务的获得感，显著提升金融服务满意度，满足人民群众日益增长的金融服务需求，特别是要让小微企业、农民、城镇低收入人群、贫困人群、残疾人、老年人等及时获取价格合理、便捷安全的金融服务，使我国普惠金融发展水平居于国际中上游水平。未来，数字货币在普惠金融方面可以发挥以下作用。

1.为偏僻地区农民提供便捷支付

当前，我国一些边远偏僻地区由于居民居住分散，交通不便，网络不畅等原因，导致这些居民无法享受到存贷款、支付结算等基础金融服务。随着银行数字货币推广的使用，只要手机下载了数字人民币APP，在手机无信号的情况下，使用碰一碰功能也能够实现数字货币的支付，使普惠金融向前推进了一大步。

2.为各种补贴的发放提供便捷渠道

不仅如此，偏远地区的百姓将会更加深刻地体会到数字货币的好处。数字人民币还为政府的扶贫款、救济款、农林牧渔业等各项补贴的发放提供了直达到户的政策工具。能够改变过去传统的逐级下发模式，防止出现政府专项补贴落实不及时、不到位、层层设卡、擅自截留挪用等乱象，提高政府专项补贴资金到位的及时性和精准度，同时还可进行精准追踪，了解掌握各种补贴发放进度及资金使用情况。

3. 为拖欠农民工工资监管提供便捷手段

数字货币推广以后，对于外出打工的农民工来说也是福音，如农民工的部分工资可以以数字人民币形式发放。一方面，可以更好地解决农民工工资拖欠问题，有利于相关部门的监管。另一方面，可以引导推进农民、农村、农业融入数字经济，为数字人民币的流通和结算创造更好的环境。

4. 为小微企业及个人贷款发放提供了便捷途径

数字人民币在运营和流通过程中，会产生很多数据资源。比如说，在个人零售场景中，商业银行不仅可以收集贷款客户的个人信用信息，还可以通过一定的渠道收集借款人家庭经济状况以及与客户相关的信息。商业银行对此进行分析评估，可以了解借款人及其家庭成员金融资产和负债偿还能力，从而准确的判断贷款风险状况，提高个人贷款的审批速度和效率。

对小微企业也是如此。银企信息不对称一直是制约小微企业获得银行信贷资金支持的一大重要因素，由于商业银行很难全面了解掌握小微企业纳税、资金往来、经营管理、涉诉等方面的信息，使得在贷款的发放上慎之又慎，轻易不敢放贷。人民币数字化运营可以在很大程度上缓解银企信息不对称的矛盾。通过数字人民币的支付交易，商业银行可以了解小微企业业务往来、市场销售、资金流动等状况，对企业生产经营情况好坏进行更加准确的分析判断，为企业精准画像，为信贷决策提供参考。另外，可以配合贷后检查，了解企业资金去向，看看有没有流向房地产、股市、购买理财等挪用信贷资金问题，更有利于信贷风险防控。

此外，随着数字人民币的推广应用及在各个领域的普及，将实现企业和个人缴纳税费、医保费用、教育费附加等费用的自动统一划拨，还可以实现和公务卡绑定，简化了差率费报销流程。

另外，我们还可以进一步想象，数字人民币APP得到推广应用后，它不像其他APP那样夹带广告，对使用人造成各种骚扰，也不会导致客户信息的外泄，使用者还可以放心地使用其购买到可靠的银行理财产品，可以投保各类保险，不至于上当受骗。另外，如果将其与政府相关信息相连，还可以随时随地查询社保缴费、公积金缴纳、个人所得税等信息，也可以方便查询水、电、气、暖、物业等生活缴费情况，也能查询公共交通、高铁、航班运行、天气预报等，这将对普通民众的日常生活带来各种便利。

I

第五章

数字货币隐含的风险不可小觑

DIGITAL
CURRENCY

世界上任何信息技术都会有风险，没有绝对安全的信息技术，再先进的信息技术，也都有自己的弱项或漏洞，这是事物的必然规律。在互联网时代，人们在网络上的所作所为和一举一动都会留下痕迹的，这也会给不怀好意的人留下可乘之机，这是科技发展的副产品，是难以避免的。

人们不可能因为科技信息的发展给人类带来某些方面的危害就因噎废食了。而强化安全管理，严格控制和防范风险，就成了摆在数字货币发行者面前的一项重要任务。

信息泄露将带来安全风险

在互联互通的数字经济时代，数据是企业和个人的重要战略资产。只有提升对数据价值的认识，对数据存储、使用和管理的方式予以高度重视，并将其置于战略的核心，方能保障好企业和个人的信息安全。

毋庸置疑，对于发行数字货币的当局而言，确保信息安全至关重要。信息数据一旦遭到泄露，轻者，损失财物，重者，影响社会稳定。为此，数字货币的发行部门必须强化数据管理，做好数据隐私的保护工作。

一、信息泄露的主要渠道

目前，人类已经进入信息化时代，信息数据对人们日常生活的影响非常之大。比如出门购买车船机票、到银行开立账户、买车购房、看病就医、上学入托等等，都需要提供相关信息，否则一切活动就很难进行下去。一旦个人信息遭到窃取或倒卖，不仅个人会遭受重大损失，社会秩序也会受到影响，随之而来的必然是各种违法犯罪活动。

目前来看，个人信息泄露主要有五大途径：一是掌握信息的公司、机构员工倒卖个人信息；二是个人使用手机不慎连接钓鱼网站、使用钓鱼 WiFi、下载 APP 等，通过手机渠道泄露的信息；三是使用电脑感染了病毒木马等恶意软件，造成个人信息泄露；四是攻击者利用网站漏洞，入侵了保存信息的数据库，盗窃个人信息；五是合作第三方没有履行好保密职责，泄露了个人信息等。

二、信息泄露的原因

从媒体报道来看，近年来，由于管理不善，以及黑客入侵等多种原因导致信息泄露的案件层出不穷。

1. 共享数据第三方没有遵守保密协议，无意间泄露客户信息

瑞典最大的保险公司信息泄露案。当地时间 2020 年 11 月 3 日，瑞典最大的保险公司 Folksam 在新闻稿中证实，近 100 万客户的个人信息已泄露给 Facebook 和 Google 等社交媒体。在一次内部审计

中，Folksam发现与数字合作伙伴共享了大约100万人的个人数据，其中一些被认为是敏感的。例如，某人购买了工会保险或怀孕保险，以及特别值得保护的个人数据——个人社会保险号。Folksam已要求合作伙伴公司删除该信息。

2. 管理不严，导致内部人员倒卖信息

山东省邹城市人民法院一份刑事判决书显示，2018年5月份期间，浦发银行电销中心任业务主管杨某，通过在休假前把保存在电脑的客户数据（姓名、电话号码等）用手机拍了照片，之后保存在自己的电脑里的方式，利用工作便利获取客户个人信息20余万条，并非法提供给山东星耀君程电子商务有限公司用于电话营销；同时，这家电商公司员工李某在对这些信息资料进行加工整理后，又以每条0.3元的价格对外售卖给第三人李某洪，后者再将这些个人信息贩卖给陈某实施电话诈骗。

3. 擅自存储信息

2019年6月11日早间，美国科技媒体TechCrunch报道，美国海关与边境保护局（CBP）证实该机构遭到数据入侵，导致出入美国的旅客照片和车辆的照片出现泄漏。美国海关和边境保护局(CBP)发现一家技术分包商擅自将车牌扫描图像和驾驶员照片复制到自己的网络中，从而被黑客入侵并成功窃取。此次被盗文件达数百GB，包括ERP数据、HR记录、内部电子邮件、数据库、文档和客户端详细信息、商业计划、财务数据、备份、音乐以及个人信息等。

4. 掌握信息的员工缺乏保密意识

2020年6月6日，河南郑州某高校近两万名学生信息遭到泄露，包括姓名、身份证号、专业、宿舍门牌号等20余项信息，泄露内容以表格的形式在微信、QQ等社交平台上流传。原因是由于工作人员缺乏保密意识，造成部分学生的个人信息泄露。

5. 操作失误导致信息泄露

2019年2月，一位程序员表示，阿里云代码托管平台的项目权限设置存在歧义，导致开发者操作失误，造成至少40家以上企业的200多个项目代码泄露，其中涉及到万科集团、咪咕音乐、51信用卡旗下51足迹、百度无人车合作伙伴ecarx等知名企业。

6. 技术存在漏洞，让黑客侵入系统

当地时间2020年10月30日，英国信息专员办公室（ICO）宣布对万豪处以1840万英镑（约合人民币1.6亿元）罚款。事件起因是：2018年11月，万豪酒店旗下的喜达屋酒店的一个客房预订数据库被黑客入侵，多达5亿人次的详细信息可能遭到泄露。据悉，被泄露的5亿人次的信息中，用户的姓名、住址、电话号码、电子邮件地址、护照号码、信用卡等所有核心的信息统统被泄露出去。

信息泄露危害非常严重，后果不堪设想。有的机构因为网络受到攻击，导致破产倒闭，有的给国家及个人造成严重损失，有的甚至影响到社会安定和政局稳定，等等。

三、数字货币信息泄露风险值得关注

之前的电子货币、数字货币等都存在信息泄露风险，也包括非法定数字货币比特币等。比特币等数字货币由于去中心化原则，尽管区块链信息技术拥有很多防信息泄漏的功能，但失去中心管控的数字货币，在交易平台层面，也曾发生过多次客户信息被泄露的案件。其他的虚拟货币也存在这个问题。

比如，Bithumb是世界第三大隐私货币交易所，每天交易量超过13000比特币，约占全球比特币交易量的10%。Bithumb在2017年曾遭遇两次黑客攻击事件，约3.6万名客户的资料被泄露，被盗的账户之中，发现有266个账户被提现，大约3万名客户的个人信息遭泄漏。黑客入侵导致投资者损失数十亿韩元。该公司称，黑客是想从客户的个人账户中偷走比特币。此前，另一交易平台Bitstamp在2015年1月曾因一次黑客攻击丢失了540万美元的比特币。随后，总部位于斯洛文尼亚的这家公司被迫停止交易。

再如，比特儿是一家中国的山寨币交易所。NXT等山寨币都在上面交易。2015年2月15日16点34分左右，比特儿先在其官方Twitter（推特）账户上发出被盗信息，两分钟后又在新浪微博发布重要通知：刚刚我们的NXT中心账号被黑，黑客盗走5000万NXT。按照当时每一枚NXT0.2073元的价格计算，这些被盗的NXT总价值在1000万元人民币以上。事后分析，黑客是利用比特儿从冷钱包填充到热钱包的瞬间，将比特儿交易平台冷钱包中的所有比特币盗走，总额为7170个比特币。

当前，网络与计算机技术的发展为黑客提供了十分便利的犯罪平台，随着网络科技的快速发展，黑客攻击事件不断增多。同时，由于电脑病毒具有隐藏性、记忆性等特点，专业的黑客可以使得电脑病毒长期潜伏在计算机内部，就像一个人身体里的病毒一样，一旦病毒被激活后，不仅会造成计算机程序紊乱、瘫痪，而且还会导致计算机内部数据有被破坏、篡改和盗取的风险。

法定数字货币是以互联网技术、区块链技术等为基础的，数字货币从发行、流通到回笼等都需要依赖分布式记账技术，但从目前来看，这些技术仍然处在早期发展阶段，还不够成熟，仍需要不断地攻克各种难关。此外，技术标准不统一、技术可扩展性差等问题依旧存在，需要研究开发部门经过大规模实践和在不同场合、领域的应用，不断地查漏补缺，才能确保技术进一步成熟，增强安全性和可靠性。

从目前我国数字货币面临的形势观察，需要把下面的几个风险作为重点，加以防范。一是央行或商业银行本身的信息数据库被黑客攻击，导致信息泄露，给客户带来的损失。二是客户账户被黑客攻击丧失密码，或者用户自己不小心向他人泄露密码而导致用户的损失。三是央行或商业银行的信息科技技术水平弱于民间机构，导致数字货币技术体系被解密的风险。

四、防范信息泄露风险的具体措施

央行发行的数字货币，既然是数字化的货币，那么就离不开计算机、网络和区块链技术，即使现在的央行数字货币技术已超越区块链技术，具有相当高的防信息泄漏能力，安全可靠，不可篡改，但总还存在技术上的薄弱环节，没有绝对的安全。特别是量子计算机技术的发展，给区块链技术带来了巨大的挑战。据专家介绍，一台量子计算机可以拥有超过所有传统计算机算力总和的能力，一旦心怀不轨的人拥有了这种超算能力，在区块链的世界里，就可能篡改交易记录，对区块链安全造成巨大的冲击。这就给法定数字货币安全提出了更高的要求，防范信息泄露风险时刻不能放松。为此，数字货币发行当局在应对犯罪分子的手段上需要早计划、早部署，防患于未然。

1.加大科技投入力度

法定数字货币发行部门只有掌握更先进的技术，不断提高防范信息泄露风险的能力，才能确保万无一失。因此，央行要舍得投入，并加强与高科技公司的合作，掌握先进技术，为数字货币安全奠定坚实基础。

2.加强科技人才培训

信息时代，专业人才的重要性毋庸置疑。数字货币属于高科技产品，研发人员素质的高低决定了技术的安全和数字货币的安全。同时，要完善计算机操作规范，计算机工作人员操作计算机时必须做到规范化、标准化、科学化，严禁逆规程操作。研发人员、操作人员的思想政治素质也直接关系到数字货币的安全，强化人员管理，严禁信息泄露、监守自盗是确保数字货币安全不可或缺的最基本工作。

3. 筑牢风险防范屏障

过去，无论是央行的发行库还是商业银行的业务库，都是按照严格的安全标准建造的，同时都加强了值班守库，以确保库款不被盗窃。但即使采取再严格的建造标准和守库纪律等安保措施，同样不会有“金刚不破之身”，金库被盗窃的案件仍有发生。农业银行哈尔滨市分行金库被盗案就是例证。1992年1月以来，哈尔滨安装公司一队技术员盛伟强，勾结沈阳无业游民马文志，多次潜入中国农业银行哈尔滨分行动力办事处地下室，利用千斤顶、砂轮机、气焊机等多种工具，企图打开金库，但未得逞。之后，盛、马二人又勾结哈尔滨日报印刷厂工人金永浩，雇用民工在与金库一墙之隔的无人民宅，凿洞6天，于1992年3月14日晚，将近半米厚的墙壁凿开，三犯潜入金库，盗走人民币128.2万多元。

数字货币的数据库虽然固若金汤，但央行和商业银行在确保数字货币的安全上必须建立起完善的防范措施，筑牢风险防范屏障。

4. 注重保护个人信息安全

从交易的安全性来看，央行数字货币解决了账本篡改、可逆等问题，但未必能很好地解决个人信息安全性问题。目前，智能手机已十分普遍，且已成为数字货币交易的主要载体，要保障数字货币载体的安全，就必须保障用户私钥的安全，如果用户的私钥遭到黑客攻击，极有可能会出现财产损失问题。除此之外，对于用户来说，也要保管好数字货币钱包和密码，切实保护好数字货币的安全。

防止法律滞后引发的风险

以比特币等虚拟货币为代表的非法定数字货币，由于缺乏国家信用保障、不具备流通的法定性、可扩展性差、使用场景受限、不能满足大容量与高速率的交易，加之炒作因素的存在导致价格不稳定，因而难以履行法定货币的基本职能。同时，比特币等非法定数字货币实行的是去中心化的发行模式，脱离了央行的监管，极大地削弱了央行宏观调控和金融监管的效率。因此，在很大程度上刺激了各国央行的神经。目前，全球多个国家的央行正积极研究法定数字货币，不过，其中大部分还没有确立发行计划。

法定数字货币既代表着国家的主权，也代表着国家的信誉。只有维护中央银行对数字货币发行的绝对地位和权威性，才能够有效避免货币超发、滥发；只有完善数字货币相应的监管法律法规，确定其存在的合法性，严惩数字货币造假行为，才可遏制虚假数字货币的横行，确保使用者财产的安全和利益不受到非法侵害；只有明确对数字货币领域违法行为的惩处标准，才能够确保数字货币正常发行和流通，打击借助数字货币从事洗钱、贩毒、赌博、涉黑、贪污腐败等违法犯罪活动。这就给发行和准备发行数字货币的国家在完善法律制度，加强法律保护等方面提出了更高的要求。

一、保护数字人民币法制建设进展

到2020年10月，我国数字人民币已在深圳、苏州、雄安新区、成都等城市及未来的冬奥场景进行内部封闭式试点测试，并且取得了很好的效果，民众反应良好。另外，央行有关人员曾经在多个场合就数字人民币的性质、地位、使用以及优点等进行了全面系统的讲解和论述，有助于人们加深对数字人民币的了解和认同，有助于提升数字人民币在广大群众中的影响力，起到了非常好的宣传推广作用。

总体看，我国数字人民币发行的相关准备工作正在有条不紊地进行，并有了新的重大进展，中央层面的相关文件已做出了明确指导，相关法律的修订工作也已启动。这些法律文件包括：

1. 中央层面下发指导文件

2020年10月29日，中国共产党第十九届中央委员会第五次全体会议通过了《中共中央关于制定国民经济和社会发展第十四个五年规划和二〇三五年远景目标的建议》，“十四五”规划建议中明确提出，“建设现代中央银行制度，完善货币供应调控机制，稳妥推进数字货币研发，健全市场化利率形成和传导机制”。数字人民币的研发被提到国家层面，为数字人民币的研发提供了纲领性文件。

2. 法律修订正在有序推进

2020年10月23日，中国人民银行网站消息，为贯彻党的十九大、十九届四中全会、第五次全国金融工作会议等重要会议和习近平总书记关于金融工作的重要论述精神，落实十三届全国人大常委会立法规划，健全金融法治顶层设计，支持金融业稳健发展，人民银行积极推进《中华人民共和国中国人民银行法》修改工作，起草了《中华人民共和国中国人民银行法(修订草案征求意见稿)》，并向社会公开征求意见。《征求意见稿》规定，人民币包括实物形式和数字形式。任何单位和个人不得制作、发售代币票券和数字代币，以代替人民币在市场上流通。同时对制作、发售代币票券和数字代币，以代替人民币在市场上流通的，设定了具体处罚标准。这将为发行数字货币提供法律依据，并将对防范虚拟货币风险，严惩单位和个人制作和发售数字代币行为，以及打击伪造数字货币犯罪提供法律保障。

二、数字人民币面临的法律风险及对策

就目前来说，我国数字人民币还存在着技术安全、市场流通和合规监管等风险，而这些风险的存在一个重要原因就是法律滞后，缺乏法律的约束和严格保护。数字人民币是以互联网技术、区块链技术等为基础的，并且从货币的发行、流通到回笼等都需要依赖分

布式记账技术，但这些技术还不够成熟，如果有人专门从事研究偷盗数字货币的技术，数字人民币就可能面临安全风险。流通环节也一样，如果数字人民币持有人私钥丢失或者被不法之人破解，或者出现假数字人民币，就会给持有人或使用者造成损失，将影响数字人民币的推广应用。这就需要国家尽快完善相关法律，加大对各种侵害数字人民币行为的打击力度，提高违法犯罪成本以震慑犯罪分子，让犯罪分子不敢对数字人民币存非分之想。在法律制度设计上最大程度地保护数字人民币的推广和运行，保护持有人的合法利益，为数字人民币营造良好的社会法制环境。

1.完善现有法律法规，为数字人民币的到来保驾护航

我国虽然已经明确数字人民币就是数字化的法定人民币，但尚未打造出完整的法律体系和规章制度对数字人民币的发行、流通等所有环节进行规范。为此，应尽快修订《人民银行法》，为数字人民币打造良好的法制环境。同时及时修改《人民币管理条例》等法规以及相关规章制度，确保数字人民币顺利推出。

2.严厉打击利用数字货币从事违法行为

加强对非法定数字货币监管，对扰乱金融秩序，从事非法交易等行为予以严厉打击。《关于防范比特币风险的通知》《关于防范代币发行融资风险的公告》等只是部门规章，层级低，法律效力低，而且规定不够详细，对利用比特币等非法定数字货币从事洗钱犯罪等违法活动惩处力度不够，难以形成强大的威慑力，应将其纳入相应的法律规定之中。

3.完善基础设施建设，为数字人民币的推广应用创造必要条件

应该对商家现有刷卡、收付款等设备进行必要的改造，为数字人民币的使用创造良好的市场环境。要强化宣传引导，通过多种方式消除数字人民币推广存在的各种障碍。要循序渐进，不能“一口吃一个胖子”，通过先试点，取得成功经验后再逐步推开，让人们逐步了解数字货币带来的各种方便和好处。像深圳市人民政府与人民银行联合开展的“礼享罗湖数字人民币红包”活动就具有非常好的宣传效果，让广大群众对即将发行的数字人民币有了更加深入的了解，使中签群众在消费中体会到数字人民币带来的方便。同时，对拒绝使用数字人民币支付交易的行为要予以批评教育，对严重违法行为要进行严惩。

4.严格防控数字货币造假风险，提高人们的识别能力

要加大对制造假数字人民币的打击力度，不断提升数字人民币的技术水平，维护数字货币的正常流通和使用，维护数字货币的信誉，保护广大群众的合法权益不受侵害。

防范数字货币的信用风险

信用货币就是以信用作为保证，通过信用程序创造和发行的货币。它是由国家法律规定的，强制流通不以任何贵金属为基础的独立发挥货币职能的货币。从目前世界各国发行的货币来看，绝大多数都有政府的背书，代表着政府的信用，属于信用货币。可以说，信用货币是金属货币制度崩溃的产物。在20世纪30年代，由于世界性经济危机和金融危机相继爆发，各主要西方国家先后被迫脱离金本位和银本位制度，所发行的纸币不能再兑换金属货币，在这种情况下，信用货币便应运而生。

信用货币的关键在于“信用”二字，由于信用货币不以任何贵金属为基础，因此发行人信用程度的高低，决定了信用货币风险的高低。

法定数字货币与非法定数字货币有着非常明显的区别，法定数字货币有国家的背书，有严格的监管，信用风险远远低于非法定数字货币。如果发行公司经营亏损或破产都将直接危及非法定数字货币的信用，甚至被市场所淘汰。而法定数字货币则无论政府债务危机多么沉重，仍可天然地被市场接受。

一、法定数字货币的信用风险与纸币基本相同

法定货币虽然具有法偿性，但并不代表完全没有信用风险。比如，一国受到战争的影响，违反经济发展规律，超越客观经济现实滥发货币，由此导致货币贬值，通货膨胀等，都有可能诱发信用风险。之所以先了解法定货币的信用风险，是因为法定数字货币与现实流通的纸币和硬币是同等的，都是国家按照市场需要发行的具有

法偿性的货币。只有把纸币存在的信用风险弄明白了，才能更好把握数字货币可能存在的信用风险。

这里，我们先抛开数字货币不谈，只谈现实流通中的纸币，因为纸币在现在的货币流体中，依然占据绝对比重。

1.纸币的地位

货币具有的五种职能决定了它是度量价格的工具、购买货物的媒介、保存财富的手段，是财产的所有者与市场关于交换权的契约，也能在世界市场上执行一般等价物的职能。随着时代的发展进步，货币也从早先的贵金属慢慢地演变为以国家信用为基础的纸币，并由国家赋权强制进入市场流通。因此说，国家本身的安全决定着货币的安全，国家的信用风险就代表着货币的信用风险。即便是一个国家货币全部数字化，数字货币的风险与传统纸币所需要承受的风险也是完全一样的。

2.纸币超发引发的通货膨胀

一个国家的信用，在很大程度上受制于这个国家乃至国际形势的变化。如果国内政局稳定、社会安定、经济繁荣发展，同时世界经济未出现重大变局，那么说明这个国家的信用状况是良好的，就不会出现大问题的，对于其发行的货币来说也没有什么大的信用风险。反之，对整个国家的货币无论是在国内外信用方面，还是在国际汇率的变化方面，都会产生较大的风险。下面，我们来看看纸币的风险事件。

（1）美国南北战争引发的通货膨胀

1861年至1865年，美国南北方的内战持续了四年。为了支付高额的战争开销，南方和北方都采取了印发纸币和募集公债的方式来募集资金。由于纸币的大量流通，使得货币大幅贬值，物价暴涨，引发了通货膨胀。1865年，北方物价涨到了战争前的2倍，而同期南方物价却上涨了90倍。战争以北方胜利而告终，南方各州的价格逐渐同北方整合。从1865年开始，美国的物价经历了长达30年的缓慢的和不规则的下跌，跌幅达到65%，通货膨胀又转变为通货紧缩，最终受害的还是普通民众。

（2）动乱引起的金融风险

历次中东战争，1991年苏联的解体，还有世界金融危机等等，这些都会对一些国家的货币产生重大影响。有的政府处于瘫痪状态，经济发展受到重大影响，对于货币而言，将面临贬值的信用风险。一个国家的货币风险是与整个国家的经济直接挂钩的，与国家的经济形势同起同落，一荣俱荣，一损俱损的。

（3）津巴布韦的纸币奇观

位于非洲东南部的津巴布韦，曾是全球知名的宜居之地，其首都哈拉雷在20世纪60年代被誉为非洲的“花城”。但是，因为2000年前后的土地改革计划没有达到预期，津巴布韦国内的经济开始出现断崖式下降。

在国内的政局动荡中，原来的白人农场主和期待土地的黑人农民之间，矛盾不断激化。社会矛盾激化之后，国内的工农业生产也跟着进入无序状态。与此同时，西方资本又大量外逃，美欧的一系列制裁也接踵而至，加剧恶化了国内的经济和政治形势。

在这一连串的打击之下，津巴布韦政府别无他法，只有用货币超发这杯毒酒来饮鸩止渴了。于是，1980年独立之初，尚且还能和美元进行1:1.5兑换的津巴布韦元，在很短时间内恶性膨胀到了惊人地步。

据报道，2004年初，津巴布韦的通货膨胀率就达到了624%，此后，经过治理，短暂下降后，又攀升到1042.9%，到2007年6月，外界估计津巴布韦的通货膨胀率已经上升到11000%，而到2008年5月，官方估计津巴布韦的通货膨胀率已经超过了11200000%，同年12月，津巴布韦政府发行出了面值100兆的钞票，最终甚至发行了最大面值100万亿的钞票，而其实际价值，不超过25美元。

事实证明，货币超发堪比毒药，不仅不能挽救经济，甚至会造成更大的混乱。

二、法定数字货币存在的信用风险不可忽视

前面讲到，法定数字货币与流通中的纸币和硬币具有相同的地位，实行等值流通。因此，法定数字货币的信用风险与纸币的信用风险是一样的。不管是哪个国家或哪个地区，法定数字货币的发行必须坚持与经济发展相适应。如果脱离经济发展实际，超发、滥发数字货币，导致数字货币贬值并引发通货膨胀，从而加大数字货币

的信用风险，民众财富就会大幅缩水，生活质量大幅下降。

目前来看，由于受技术、人们支付习惯的影响，我国数字人民币不会很快就完全代替现金流通和第三方支付。数字人民币出现后，在较长一段时期内现金不会被消灭，数字人民币和实物现金会共同存在。中国人民银行数字货币研究所所长穆长春在详解数字人民币时，曾表示，数字人民币的发行不是靠行政强制来实现的，而是应该以市场化的方式来进行，也就是说老百姓需要兑换多少，就发行多少。另外，只要老百姓有使用纸钞的需求，人民银行就不会停止纸钞的供应。在可预见的将来，数字人民币和纸钞将长期并存。由此可见，数字人民币与现金的发行同样都必须遵循经济发展的客观规律，按照市场和大众的实际需要来发行，避免超发带来的货币贬值而引发的信用风险。

数字人民币的发行还要防止挤兑风险。北京大学国家发展研究院副院长、北大数字金融研究中心主任黄益平认为，央行数字货币也给传统的银行等金融机构带来很大的压力。比如，数字货币从央行到大众，一步到位，未来不需要去商业银行开户，这大大弱化了银行的功能，导致了结构性金融脱媒的危险。当遭遇到金融危机时，很多人出于安全考虑会去银行提取现金，进而导致“银行挤兑”。当前以现金为主的世界，即使遭遇到“银行挤兑”，也会通过在银行门口排队、取号、依次提现，但当央行数字货币替代现金之后，一旦发生“银行挤兑”，仅需简单的手机操作就可以完成，这可能会对银行体系产生更大的冲击。我们认为，数字货币的挤兑极容易导致银行发生支付危机，进而引发银行破产倒闭风险，这是货币发行当局必须高度关注的问题。

虽然几率较小，但仍然可能存在黑客入侵银行数字货币交易系统导致客户资金被盗，而引发人们对数字货币产生信任危机。除此之外还存在假数字货币给真数字货币带来的不利影响，特别是在大部分消费者对数字人民币还不太理解，在懵懂认识的情况下，市场上就已经出现了假冒的数字人民币钱包的应用软件。对此，普通民众要擦亮眼睛，多留个心眼，警惕假冒数字人民币的各类应用软件和打着数字货币旗号的所谓理财产品，以免上当受骗。

为确保数字人民币得以顺利推广，提高社会认知度和广大群众的认可度，央行、商业银行及合作机构也要加大数字人民币相关知识的宣传力度，加快普及数字人民币知识，让广大群众真正了解数字人民币，知晓数字人民币相关知识，掌握数字人民币防假识假能力，共同维护数字人民币正常的流通，为数字人民币的到来营造良好氛围。

第六章

全球数字货币发展现状

DIGITAL
CURRENCY

目前，全球各国由于对数字货币的认识不同、技术水平差异较大等诸多主客观原因，使得各国在数字货币发展水平方面参差不齐，有的国家已推出了数字货币，有的国家正在着手研发，有的国家则无动于衷。与此同时，全球数字货币目前依然处于初阶阶段，总体水平不高，法定数字货币离大发展阶段还有很长的路要走。

发达国家的数字货币发展现状

由于数字货币具有低成本、高效率以及防范货币贬值，能够优化各国货币运行体系和便于监管等优势，已经受到各国政府的高度重视，尤其受到欧美、日本、澳大利亚、加拿大、韩国等发达经济体的青睐。相对来说，经济发达国家由于科技攻关能力强，加上有雄厚的经济实力作后盾，对数字货币的研发处于领先地位。

一、欧美国家

据国际清算银行连续三年做出的调查问卷以及在2020年发布的调查结果显示：2019年参与调查的经济体有66个，其中包括45个新兴经济体和21个发达经济体，这些接受调查的经济体一共覆盖了75%的全球人口和90%的全球经济产出。从目前21个发达经济体看，除了亚洲的韩国和日本，以及发展中国家中国率先启动数字货币之外，大都集中在欧美经济发达国家。

1. 美国

美联储在脸书公司（Facebook）推出的加密数字货币Libra（天秤币）要取得合法数字货币地位估计是不可能的，美国政府仍将继续对Libra（天秤币）交易平台实施牌照化管理。Libra（天秤币）毕竟不是美联储发行的货币，很难成为美国法定货币，美国政府还明确表态将着手布局数字货币的研发。

2020年2月，美联储正在研究发行货币CBDC（央行数字货币）的可行性，但目前尚未决定具体推出时间。而按照美国政府的一贯作风，在看到全球越来越多国家意在“去美元”形势下研究和推广数字货币后，美国政府无论如何是不甘于落后于人的，估计也在紧锣密鼓地开展数字货币研究，以图在数字货币领域再次显示数字美元的“霸主”地位，以继续维持数字美元在全球数字货币结算体系中的优先及强势地位。

2. 英国

在Libra（天秤币）推出后，美国、英国、法国等国家均表态对Libra（天秤币）的监管跟合法性等问题抱有质疑。法国等国家更为严厉，发表声明表示禁止Libra（天秤币）在其境内使用。在这种态势下，英国央行已经着手对数字货币展开研究并试验。值得一提的是，2016年，在英格兰银行的建议下，英国伦敦大学研究人员提出并开发了一个法定数字货币原型系统，即中央银行加密货币（Centrally Banked Cryptocurrencies）——RSCoin系统。英国央行对加密货币RSCoin的看法是，这是一种站在中央银行的视角，实现一种受中央银行控制的、可扩展的数字货币，可为中央银行发行数字货币提供一套发行流通的参考框架和系列准则。RSCoin系统中包含中央银行、mintettes（商业银行）和最终用户三类角色，中央银行完全控制货币的产生，并通过生成全局账本（higher-levelblock）向整个系统发布最终交易数据，全局账本是最终交易账本。中央银行对mintettes（商业银行）进行授权认证，并定期向整个系统发布授权的mintettes（商业银行）列表。2020年1月，英国央行称，将评估CBDC（央行数字货币）的潜在情况，并已与日本央行、国际清算银行等组织建立小组合作探讨。预计不久之后，英国数字英镑也将呼之欲出。

3. 法国

据2020年10月29日《经济前瞻分析》披露，以太坊生态开发和孵化初创公司ConsenSys公司将帮助法国兴业银行开展央行数字货币试点工作。参与央行数字货币的发行、管理、交付以及跨链互操作性的研究工作。根据2020年7月法国央行公布的名单，除了兴业银行外，还有埃森哲、Euroclear（欧洲银行票据交换所）、汇丰银行、Iznes（基金记账平台）、LiquidShare（区块链交易结算平台）、ProsperUS（美国邦奇）和Seba Bank（瑞士银行）7家公司进入了央行数字货币试验参与者名单。法兰西银行已开始与这7家公司合作，并持续进行试验。目前，法国数字货币也已进入试点阶段，估计不久之后数字法郎也将步入法国民众金融生活之中。

4.德国

虽然德国对数字货币采取比较保守观望的态度，并担心应用数字货币可能会对现有的金融体系构成威胁，但目前德意志联邦银行在深入参与围绕央行数字货币的讨论时，仍在积极着手寻找替代的数字支付解决方案，德意志联邦银行也在考虑将基于区块链和智能合约的解决方案与传统支付系统连接起来的方式。估计不久之后也将投入数字货币的研发中来。

5.瑞典

2018年上半年，瑞典央行透露与IOTA（埃欧塔基金会）合作推出国家数字货币e-Krona（电子克朗），计划将e-Krona（电子克朗）作为常规货币流通的数字货币，用于消费者、公司和政府机构之间的小额交易。

此外，爱沙尼亚、芬兰、苏格兰、波兰、挪威等国家也认定了数字货币的合法化，开始着手于数字货币的研发及试点，目前瑞典国家央行明确提出计划在中短期内发行CBDC（央行数字货币）。2020年2月，启动电子克朗（e-krona）测试。

二、亚洲国家

日本、韩国、新加坡三国作为亚洲的经济发达体，一向重视信息技术的开发应用，对数字货币的研发与推动也走在了世界前列，有望引领世界数字货币发展潮流。

1. 日本

据《经济参考报》2020年10月22日披露，在G7（七国集团）财长和央行行长视频会议上，数字支付成为一个重要的议题，会议甚至通过了一个反对在监管到位前运营数字货币项目的声明。实际上，G7的部分成员正在加紧研发央行数字货币。日本央行行长黑田东彦就在该视频会结束后表示，为了能切实应对各种环境变化，日本央行有必要做好研发数字货币的充分准备。

事实上，日本对于研发央行数字货币的紧迫感始于2017年。2017年，日本承认数字货币合法化和作为支付手段的合法性，同时对交易的资本收益征税。2020年1月，日本央行宣布与英国、加拿大、瑞士、瑞典和欧盟等经济体的央行及国际清算银行共同组建专门的工作组，共同研究发行央行数字货币问题。此后，日本国内官方和民间关于央行数字货币的议论快速升温。2020年6月，由三菱日联、三井住友、瑞穗等三大银行发起，日本成立了官民携手的数字货币研究会，旨在讨论数字货币结算方面的基础设施问题。关于央行数字货币，日本央行副总裁雨宫正佳表示，对日本来说，货币系统和支付系统是必须同时考虑的两个问题。如何在数字社会中向民众提供央行的资金，这与改善私营部门的支付系统、建设安全稳定的数字支付基础设施，以及提高在零售、批发、跨境支付中的互操作性，都需要统筹考虑。同时，日本央行宣布，将力争于2021财年启动央行数字货币实证实验。这说明，日本数字货币,已经步入了快车道，数字日元不久也将与日本民众见面。

2.韩国

2019年12月，韩国将虚拟货币归类为数字资产，为加密货币在韩国合法化又迈进一步。之后，韩国央行（Bank of Korea）于2020年6月9日公布了数字货币中长期发展战略。事实上，韩国央行的数字货币计划从2019年初就已经开始启动了，但研究方向相对保守，主要针对区块链技术在金融领域的应用，并密切关注全球央行数字货币的趋势。到了2020年，韩国央行对数字货币的研究加快了脚步。2020年2月，韩国央行成立专项工作小组，加强CBDC（央行数字货币）研究。2020年5月18日，韩国央行发布了关于国外央行数字货币发展现状的研究报告，详细研究了14个国家或地区的12个央行数字货币案例。另据韩联社消息，韩国央行于2020年3月开始，进行为期22个月的央行数字货币试点测试，并于2020年12月底前完成设计、技术评审、业务流程分析及咨询工作。预计不久之后，韩国央行数字货币的发展脉络将基本清晰，数字韩元（S-coin）即将面世。

3. 新加坡

新加坡金融管理局的长远目标是发展出一套更高效易用的基于央行发行电子货币的金融系统，以取代现有系统。2017年10月5日，新加坡金融管理局宣布，他们所领导的财团成功开发了三种不同模式的软件原型，用于通过流动性储蓄机制进行分散的银行间支付和结算。未来阶段，还将有两个分拆项目，由新加坡交易所（SGX）推动的第一个项目着重于通过DLT（分布式账本技术）提高固定收益证券交易和结算周期的效率；第二个项目侧重于使用中央银行数字货币进行跨境支付的新方法。

目前，新加坡央行和金融监管机构正计划与中国在央行数字货币领域展开合作，法定数字货币也正在研发之中，估计通过一至两年的努力，新加坡数字货币也将步入新加坡民众经济金融生活之中。

三、其他国家

1. 澳大利亚

据“新浪财经”2020年11月2日报道，澳大利亚联储宣布启动一个项目，以研究使用分布式分类账技术（DLT）的批发形式在央行数字货币（CBDC）中的潜在用途和意义。澳大利亚联储表示，将与澳大利亚联邦银行、澳大利亚国民银行、基金管理公司Perpetual以及区块链技术公司ConsenSys Software在该项目上进行合作。利用分布式账本技术（DLT）探索大规模发行中央银行数字货币（CBDC）的可能用途和影响。

该项目宗旨将涉及开发一个概念证明，以发行一种象征性形式的央行数字货币，该项目将涉及开发概念验证（POC），用于发行标记化的央行数字货币（CBDC），供批发市场参与者在基于以太坊的分布式记账技术（DLT）平台上融资、结算和偿还标记化的银团贷款。与此同时，该国央行还表示，该项目在2020年底完成，并在2021年上半年发布项目报告。同时，澳洲联储还表示，正在研究批发型数字货币，将研究批发型央行数字货币的潜在用途和影响。

2.加拿大

2020年2月，加拿大央行对数字货币还是没有引起足够的重视。据2020年2月26日《火星财经》披露，加拿大央行副行长连恩（Timothy Lane）在蒙特利尔金融技术会议上表示，目前无发行央行数字货币（CBDC）的计划，但正在为提高加拿大支付生态系统的能力做准备。而2020年下半年以来，加拿大央行态度有所转变，对数字货币作用的认识有所提升。据2020年10月30日腾讯网“财经专栏”披露，加拿大央行行长Tiff Macklem在接受路透社采访时表示，加拿大央行正与G7（七国集团）合作伙伴就数字货币的计划展开合作。但就总的情况看，加拿大央行立即推出数字货币的愿望不强烈，只是随大流而已，认为别的国家有数字货币，他们也应该有，否则对加拿大在国际贸易结算方面会带来不利影响。这一切都表明，加拿大也正在逐渐做好数字货币研发的相应准备。

3.俄罗斯

俄罗斯对数字货币虽早已启动了研发程序，但在数字货币推广使用上观念相对保守，该国总统及央行在不同场合表示，俄罗斯不会成为第一个推出数字货币的国家。2018年1月，俄罗斯议会已正式提交了一份联邦法修订草案，建议推出国家层面的加密数字货币——“加密卢布”，确定俄罗斯将发行官方数字货币“CryptoRuble”。

此后，俄罗斯在数字货币研发上加快了步伐，据2020年10月24日腾讯网披露，俄罗斯中央银行行长Elvira Nabiullina表示，俄罗斯央行将于2021年底试点数字卢布，其特点是俄罗斯的数字卢布将不具有与现金等同的匿名性，但同样希望加强用户隐私。这表明俄罗斯在数字货币研发上仍然走在全球各国的前头。

发展中国家怎么看、怎么干?

发展中国家在数字货币的研发与推广上也不甘示弱，不少发展中国家对非法定数字货币持包容开放心态，并投入了大量的人力、物力研发法定数字货币，一些发展中国家的数字货币研发与推广还走在了全球前列，表现不俗。比如厄瓜多尔、突尼斯、塞内加尔、马绍尔群岛、乌拉圭、委内瑞拉等国已发行数字货币，在数字货币推广应用上捷足先登。

一、美洲国家

近年来，数字货币在拉美兴起，推动拉美多国政府开展数字创新应用，带领民众步入数字生活，同时也把研发数字货币作为解决社会矛盾、推动经济发展的一大“利器”。

1. 巴西

据2020年10月23日中国经济网披露，巴西中央银行推出PIX电子支付方式，这是数字货币的第一步，未来2年内巴西还计划推出自己的央行数字货币（CBDC），从而向民众提供一个便捷、安全的电子支付手段。巴西是南美第一大经济体，但金融支付手段相对滞后，主要是银行柜台服务效率低下，手续费成本高，发行数字货币就是为了改变金融服务效率，并让民众能够享受廉价实惠的金融服务。可见，巴西发行数字货币的最大目的就是为了满足大众对廉价、快速、透明和安全付款工具的需求，以便激活巴西金融市场，从而刺激巴西实体经济的发展。

2. 乌拉圭

乌拉圭央行（BCU）于2017年11月3日宣布正式推出乌拉圭比索的开创性数字化项目。目前，该项目作为试点项目而开始实施，但该银行同时也强调，发行的数字货币并不属于新兴货币，也不同于比特币等加密货币，而是一种仍由乌拉圭（BCU）负责发行并管理的货币。只不过是以技术支持取代传统实体支持的乌拉圭比索。

二、非洲国家

目前，非洲各国对数字货币持友好态度的国家不少，主要有南非、突尼斯、塞内加尔、塞拉利昂等国。下面对两个做得比较好的国家数字货币现状进行分析。

1.突尼斯

据2019年11月12日新浪财经披露，突尼斯央行已于2015年底推出本国货币Dinar（第纳尔）的数字版本“E-Dinar”，成为了全球第一个发行中央银行数字货币（CBDC）的国家。“E-dinar”不仅有其国家纸币背书，而且其性质也属于目前各大央行竞赛中的电子货币。这是谁都想不到的，全球首个数字货币CBDC的桂冠，竟然是被南非的一个小国家摘取了。

突尼斯的数字货币是与俄罗斯合作开发出来的，从宣布与Universa达成合作，到宣布推出数字货币“E-dinar”，突尼斯只用了不到一年时间。该CBDC将在网上以及通过突尼斯即将设立的2000个信息亭向消费者发放。消费者可以通过浏览器应用程序或未来的移动应用程序向数字钱包添加资金。个人和企业之间的转账通过扫描二维码完成。此外，突尼斯民众还能够在数千家商店、咖啡馆和餐馆中使用E-Dinar，为民众生活带来了极大的便利。

2.塞内加尔

该国是非洲第二个发行数字货币的国家，其发行的数字货币采取区块链的数字货币，命名为eCFA，享有与该国官方货币非洲法郎(CFAFranc)同等的法律地位。这种数字货币完全依赖于央行银行系统，并且只能由授权的金融机构发行，与纸币一起作为法定货币进行流通。它是一种高安全性的数字工具，可以放在所有的移动货币和电子货币钱包中，并且支持全球流通和互操作，为WAEMU（西非经济和货币联盟）的整个数字生态系统提供透明度。

最为令人感到震惊的是，塞内加尔的数字货币有可能实现整个西非国家通用的局面，包括科特迪瓦、贝宁、布基纳法索、马里、尼日尔、多哥和几内亚比绍，成为一种准国际数字货币。

三、其他国家

亚洲各国数字货币在全球数字货币研发中处于超前的水平，印度、泰国等国都已开启了数字货币研发或推广的征程。

1.泰国

泰国在对待数字货币上的态度相当开明，对非法定数字货币持开放包容态度，同时也对研发法定数字货币态度积极，计划推出法定数字货币，目标是让银行间的交易能因为中间过程更少，加速交易速度并降低成本。据《21世纪经济报道》2020年11月3日报道，11月2日，中国香港金管局总裁余伟文在出席香港金融科技周的活动时表示，香港金管局正与泰国央行合作，探讨建立以区块链为基础的央行数字货币以提升跨境支付效率。泰国数字货币叫Inthanon，估计最迟2021年泰国法定数字货币将会面世。

2. 印度

印度是一个人口数量庞大、经济总量较大的国家，在对待非法定数字货币上与中国政府的态度基本相同，对非法定数字货币采取“一刀切”的严厉监管措施，并发布了交易禁令。

目前，印度央行已介入法定数字货币的观察与研发，并与2018年初就已组建跨部门小组，探讨引入央行数字货币的可行性和可取性，也正在加紧数字货币研究，预计两年左右，印度央行也会推出央行数字货币（CBDC）。

3. 土耳其

2018年2月，土耳其执政党“正义与发展党（AKP）”与其联盟“国民运动党（MHP）”表示，土耳其有必要开发由国家控制的“国家比特币”。土耳其民族主义运动党副主席、国家前工业部长Ahmet Kenan Tanrikulu曾提议创建一种名为“土耳其币（Turkcoin）”的法定数字货币。

欠发达国家能否弯道超车？

自非法定数字货币诞生以来，对全球各国货币体系既带来了机遇，也带来了严峻的挑战。机遇就是会让全球绝大多数国家认真思考与对待数字货币，从非法定数字货币诞生的科技技术中，寻找到可以发行国家法定数字货币的原理，以带动各国数字货币研发、推广与应用，最终让法定数字货币逐步代替实物货币。挑战就是会让全球各国现存的货币体系可能因为非法定数字货币受到一定的冲击，甚至可以说会带来颠覆性的意义。也就是说，非法定数字货币的诞生在很大程度上起到了“吹哨人”的作用：如果央行不发行数字货币，非法定数字货币就会冲击央行货币运行体系，最后让各国央行失去管控货币发行与运行的能力。

基于此，不仅经济发达体在数字货币研发与运行上具有强烈的时代紧迫感，即便是发展中国家也不甘示弱，紧紧抓住一切可能的机遇布局数字货币，就连经济欠发达国家也会主动拥抱数字货币，将其视为改变自身经济地位、发展自身经济的良好机会。

一、欠发达国家完全有可能实现弯道超车

在数字货币研发与推广上，一个国家的经济发展水平与科技能力是重要基础，而最重要的是一个国家对待数字货币的态度以及在数字货币推广与运用上的理念。如果一个国家对数字货币采取无所谓的态度，即便经济再发达，数字货币研发与推广也会处于落后水平，比如目前的美国就是这个样子。显然，我们也不能因为一个国家的经济落后就认为它会在数字货币研发与推广上必然处于落后地位。在数字货币研发上，经济欠发达国家只要主观上愿意发行数字货币，完全可以实现弯道超车，且弯道超车的概率非常之高。笔者

认为，主要有三方面原因。

1.发行数字货币的国家越来越多，容易形成数字货币互动的氛围

目前，全球有80%以上的国家已着手研发或推出数字货币，即便没有进行研发，也有大量国家将研发数字货币纳入其货币战略规划体系。这是因为，在全球数字货币风起云涌的形势下，各国政府都担忧若不进行数字货币研发，自己会落后于人，未来自己的货币体系可能会受到冲击，或者在国际金融市场结算支付方面处于落后态势，而落后就会挨打，进而使自身更加难以有效融入国际金融竞争。由此，可以说目前全球数字货币已经进入一种你追我赶的格局。但是，越来越多的国家加入到数字货币队伍后，一般都会执行更加开放的数字货币政策，形成一种良性互动的氛围，在这种氛围里，在数字货币研发方面处于领先水平的国家有可能对经济欠发达国家伸出援助之手，而经济欠发达国家也可以更加积极主动地向数字货币研发水平高的国家学习或借鉴成功的经验，弥补自身的短处，及时赶上甚至是超过研发水平较高的国家。

2.技术领先的国家，对经济欠发达国家进行数字货币技术输出的动因较强

目前，推出数字货币的国家已经不少，正在研发或掌握相关技术的国家更多，走在数字货币研发前列的国家有能力向经济欠发达国家给予帮助，为数字货币科技输出提供了可能。同时，部分国家在数字货币方面走在前面，它们也有“资本输出”的冲动和意愿，以便早日形成全球性的数字货币运行体系，这样才更加有利于国际资本的自由流动，以便实现资产的转移支付和贸易结算的顺利进行。

试想一下，如果全球仅有少数国家发行数字货币，其他国家尤其是经济欠发达国家在数字货币发行上都处于落后状态，那么全球数字货币的应用及流动就有可能“受阻”，也无法将数字货币打造成全球自由流通的真正货币。从这个角度来看，首先拥有数字货币的国家有较强的技术输出冲动，这既是自身国家数字货币影响他国和融入全球货币体系、参与国际金融竞争与经济融合的现实需要，也是扩大自身国家经济影响力、渗透力以及在数字货币技术输出中抢占战略高地的需要。比如中国香港金管局与泰国央行进行数字货币研发的合作，就是一个很好的例子。

3. 在世界数字货币技术潮流影响下，欠发达国家自身的研发能力会越来越强

数字货币既然在全球已形成了一种潮流，经济欠发达国家为了使自己更好地适应国际金融体系竞争、深度融入全球经济、避免自身货币体系受到经济发达国家的冲击，也必然会增强对数字货币研发与推广的时代紧迫感、使命感和危机感。随着时间推移，这些国家也必然会投入更多的资源，组织技术攻关或聘请数字货币发展水平较高的国家当“教练”和“顾问”，弥补自身在数字货币研发上的“短板”，同时逐步提升自身的研发能力。

二、欠发达国家有可能实现数字货币弯道超车的原因

综合国际国内因素，经济欠发达国家在数字货币发展方面有可

能实现弯道超车的原因，大致有3个。

1. 日益认识到数字货币对本国经济的作用

这种作用主要体现在两方面：一是对本国资金流动与经济发展有相当重要的作用，可以与其他拥有数字货币国家在贸易中形成更好、更有效地合作，从而参与到全球经济的循环之中。当前，各国之间主要以美元作为媒介进行国际贸易，资金周转环节多，对本国经济发展有诸多不利影响。而如果拥有数字货币，就可以省略其中很多中间环节，只要汇率确定之后，马上就可以通过全球数字货币运行体系进行支付结算，会大大提高资金的周转效率，从而降低资金运行成本，提高企业资金运用效率，助力本国经济的发展。二是经济欠发达国家可充分利用“船小好调头”的特点，让自身货币体系更好地适应数字货币运行。欠发达国家的法定数字货币推出之后，有利于为国际资本进入创造便利条件，使投资者省去了繁琐的中间环节，对国际资本进入本国投资形成较强的吸引力。而且，经济欠发达国家对数字货币往往都持友好态度，为数字货币全面普及提供了制度保障，这为数字货币的全球性流通消除了很多难以逾越的障碍。

2. 重塑国家货币信用体系

从经济欠发达国家角度考虑，发行数字货币不仅能够重塑各国政府信用，让金融经济充分发挥主观能动性也可降低发行纸币所带来的巨大成本。尤其是有利于各国政府在反洗钱、防范逃漏税等方面发挥重要的监管作用，保护好本国的金融经济市场秩序。此外，发行数字货币可极大地提高资金周转效率，有利于从根本上降低实体企业生产经营成本，推动企业效益提高，从而为欠发达国家的经济发展注入无限活力。

3. 打破僵局，激活经济内在潜能

目前，不少欠发达国家经济发展由于受到世界经济低迷局势和全球疫情的影响，已陷入了长期萎靡不振状态，各国都在绞尽脑汁寻找激活经济内在潜能的有效“药方”，但收效甚微。数字货币由于可以节约交易成本，促进有效流通，一向被视为是发展新经济模式的有效手段，于是部分经济欠发达国家希望抓住数字货币这一契机，打破自身长期处于低迷状态的经济发展僵局，让本国经济能够获得振兴，以缩小与经济发达国家之间的巨大差距，造福于民众。

总之，面对纷纷繁复杂的国际局势，不但经济发达国家认识到了数字货币的积极作用，经济欠发达国家也在觉醒并加紧布局，期待能够借助数字货币这一新工具，实现经济发展的“弯道超车”。

I

第七章

数字货币的光明未来

DIGITAL

CURRENCY

货币与人类已经相伴数千年，每当人类科技进步之时，货币也必然会跟着发生“进化”。从实物货币至电子货币，就是货币在信息时代出现的一次“质”的飞跃。而非法定数字货币的出现与演变，又给法定数字货币的发展做了铺垫和探索。随着时间推移，相信数字货币一定会进入新的历史发展阶段。

人类普遍接受的支付新工具

如今，数字货币已经诞生，它是全球金融领域面临的一场深刻的革命，人类只有正视它、适应它并合理运用它，才能为各国金融货币体系注入无限活力。最为重要的是，非法定数字货币的出现，对各国现行的货币运行体系提出了严峻的挑战，无论是比特币，还是以太币抑或其他非法定数字货币，目前都在不断渗透到人类金融生活之中，也为全球不少投资者所认可和接受，如果各国政府不重视对数字货币的研究和运用，现行的全球货币体系则可能会被非法定数字货币打得“落花流水”。为应对这种局面，法定数字货币必须有所作为。

一、全力“围剿”非法定数字货币，为法定货币时代的到来创造了有利氛围

人类社会每一次货币革命都是追求更加便捷、安全的结果，货币的最大作用是充当一般物品的交换媒介，这种一般等价物以什么形式其实本身并不重要，重要是能够在发行、管理、使用等方面给货币监管当局带来有效的控制权，能给人们带来实实在在的实惠。正是这种追求才不断推动着人类货币的持续进化与发展。非法定数字货币的出现，事实上也是对现有货币体系缺陷的弥补，其本身特征是把匿名性、安全性与去中心化放在首位，尤其是想通过货币发行的可限制性和固定性，来摆脱纸币滥发导致的通货膨胀。所以，非法定数字货币的动机或者追求的目标是美好的，但是人类社会毕竟都由各国政府以不同的组织形式来维持的，非法定数字货币如果不受各国中央银行监管，势必会冲击各国政府的货币发行与监管体系，最终使政府对金融乃至经济的监管丧失主权，这无疑会对各国政权带来不利影响。

由此，非法定数字货币的出现也在很大程度上增强了各国货币监管当局的紧迫感和危机感。如果政府不相应疏导或管理非法定数字货币，未来的金融发展或者说未来的金融市场必然会受到非法定数字货币的强力冲击。

由此可见，非法定数字货币的诞生，在很大程度上改变了各国政府的货币管理理念，使各国政府意识到，必须牢牢把握货币管理

的主动权和控制权，而且非法定数字货币还在货币信息技术、安全防控机制等方面为各国法定数字货币的研发提供了良好的思路，使得各国政府对法定数字货币的研发有了可资借鉴的经验，大大减少了法定数字货币研发的时间成本，能够使各国数字货币研发进入“快车道”。

二、法定数字货币除了应对非法定数字货币冲击之外，更重要的还在于为参与全球金融生活提供了一块有效的“敲门砖”

非法定数字货币的出现与发展倒逼着各国政府加快了法定数字货币的研发步伐，因为非法定数字货币的发展脚步从未停下。由此，目前非法定数字货币与法定数字货币处于一种全面“竞赛”状态。法定数字货币虽有政府的强力支持，但如果不能体现出数字货币的特点和先进性，也未必就能一定取代非法定数字货币。

显而易见，人们向往并追求货币先进化的目标，已经非常重视法定数字货币的研发与推广，目前全球有80%以上的国家政府开始重视数字货币的研发与推广使用，已对非法定数字扩张起到了一定抑制作用。而且，现在全球已有少数国家推出并使用了数字货币，为其他国家的法定数字货币研发提供了切实可行的经验以及监管方式，加上部分国家正在进行数字货币的布局，这为数字货币形成全球性流通奠定了基础。比如，跨境电商领域的全球竞争日趋激烈，在很大程度上需要推进“跨境支付”的变革，而数字货币的安全零确认机制、多重签名机制以及法币稳定的锁定机制，为数字货币未来的广泛运用营造了有利环境。很明显，货币数字化目前看来已成世界货币发展的一个方向，也是各国货币管理体系革新的重要使命。这也意味着在数字货币将成为各国主权货币的形势下，一个国家要深度参与国际金融经济合作与竞争，在数字货币研发与推广上步伐不能太慢，数字货币甚至会成为未来各国政府进入全球金融经济大循环的“敲门砖”。

三、安全性更高等特征，使得法定数字货币在全球普及运用成为可能

一种货币有无生命力，能否被民众接受，能否成为国际社会公认的货币，最关键的两项指标是安全和便捷，如果这两项功能没有得到完全保障，那么这种货币就不可能成为全球广为流通与使用的货币。非法定数字货币虽然具有匿名性、成本低、交易速度快等优势，但由于没有国家信用做后盾，不具有无限法偿性和强制性，无法充当货币一般等价物的角色，所以很难进入社会生活的方方面面，更多的是充当一种金融投资产品。

而法定数字货币虽然是在汲取了非法定数字货币的技术特征而创造出来的，但却超出了区块链的加密技术，尤其是摒弃了非法定数字货币的去中心化行为，使得法定数字货币的技术更加成熟，并具有交易的安全性。加上法定数字货币本身与非法定数字货币正好相反，它本身就是现有各国流通货币的数字化，具有与现有实物货

币一样的国家信用作后盾，也同样具有牢固可靠的内控技术来监管，这在很大程度上消除了民众的担忧，能够广为各国民众普遍接受，使得法定数字货币的前景更光明。

而数字货币一旦成为各国政府普遍推行的货币之后，各国的货币监管体系也会随之发生变化，政府势必会在数字货币发行、推广使用、安全监管、国际支付结算等方面出台一系列完善的制度，并为数字货币提供有力的制度保障，实物货币有望逐渐退出历史舞台。

四、民众对支付环境的要求不断提高，为数字货币的到来提供了内在动能

货币形式每一次由低级形式向高级形式演变，虽然都是先进技术起到了重大作用，但民众对货币性能不断提升的要求却是这种演变的内生动力，所以，人民群众才是社会经济发展的真正推动者，也自然是货币不断推陈出新的创造者。

当前，法定数字货币的面世，既有非法定数字货币施压的因素，但更多的是国家出于稳定货币金融体系的需要，意在通过对数字货币技术的掌握与运用，为民众创造更好的货币使用环境，为全球支付贸易结算提供可靠的外汇保障。所以，政府参与数字货币的研发及推广，在很大程度上既是保护各国政府货币信用的需要，也是满足和维护民众金融消费权益的现实需要。

然而，目前存在的问题是，可能还有部分民众对法定数字货币

的使用和安全性存在担忧，这在一定程度上对推行数字货币形成了障碍，也让不少国家政府对此存在顾虑。不过，这些问题与数字货币给各国民众带来的好处或实惠相比，应该算不上是什么大事，只要进行足够的宣传与引导，就会让绝大部分甚至是所有人逐步掌握数字货币的基本特征及运用规则，数字货币最终会在人类金融生活中绽放光彩。

数字货币能否成为各国法定货币

很多人不禁要问，数字货币未来能否成为各国法定货币？我们认为，关键要看两个因素：一是全球法定数字货币的发展现状，决定其成为法定货币的速度，如果全球法定数字货币整体上进入一个快速成长期，那么数字货币就有可能步入各国货币体系的神圣舞台。二是看各国政府对法定数字货币的态度，如果各国想让数字货币尽早成为法定数字货币，从理论上看，由于有比较成熟的技术作保障，不会有太大困难。如果部分国家不想让其尽快步入正常金融生活或考虑其他因素，则数字货币成为法定货币的时间就会延迟。

从人类货币历史发展的进程看，新的货币只要能给民众带来快速便捷的支付体验，并保证其安全性，就会被人们广泛接受。所以，数字货币成为各国政府的法定货币是不可抗拒的潮流，它将是人类金融活动的一次重大进步和飞跃。下面，我们从四个方面探讨这个问题。

一、法定数字货币带来的积极作用

从目前法定数字货币的优势来看，可以降低传统纸币发行、流通的高昂成本，提升经济交易活动的便利性和透明度，减少洗钱、逃漏税等违法犯罪行为，提升各国央行对货币供给和货币流通的控制力，更好地支持经济和社会发展，并助力普惠金融的全面实现。同时，数字货币发行、流通体系的建立还有助于各国建设全新的金融基础设施，进一步完善各国支付体系，提升支付清算效率，推动经济金融质效提升。尤其是，由于法定数字货币是国家主要货币，能带来四大明显的好处：一是促使交易效率与信任度提升，主要是可以更好地度量商品与价值的关系，使货币锚定更加有针对性。二是能有效保障资金安全，如果国家相互之间关系恶化，比如发生战争、出现贸易争端等，采用区块链技术构筑的法定数字货币、分布记账、全网联通等技术手段，可以天然抵御这些问题。即使局部节节失效，其分布在全网其他各个节点的交易数据，仍可保障资金的安全。三是有利于跨境支付，区块链技术天然的记账属性、分布式原理，使其在法定数字货币上的应用极为适合，且区块链编制的分布式记账操作系统可以自动执行、认证，且无差错，可显著提升效率，尤其是比由美国主导的传统SWIFT（环球金融电讯协会）的成本大大降低，有效提升了各国，尤其是发展中国家在跨境支付结算中的效率。四是可有效监督货币流向，方便各国央行统计货币创造过程及数量，通过大数据加强对资金流向的监管，既能有效杜绝洗钱、贪污等违法犯罪活动，也可据此掌握资金去向，评估货币政策的准确性和适度性，让资金流向社会经济发展最需要的领域，促进全球普惠金融的发展。让人类社会经济发展趋向平衡，减少全球社会财富差距拉大的现象。

同时，我们也应看到，法定数字货币作为金融与科技创新的结合品，可以产生更加可靠透明的货币体系。而非法定数字不能促进这种现象的实现，因为它既无理念体系，也无政府基础，天然不适合当今世界货币体系。而法定数字货币完全可通过技术的日益成熟，监管机制的不断完善，以及法律体系的不断健全，来有效弥补现有货币体系的缺陷，以更安全、高效、快捷的方式服务于社会经济发展。从微观层面看，法定数字货币能够实现点对点交易，可以加快资金周转速度，提高资金运作效率，进而可以降低企业杠杆率（资产负债比率）；从宏观层面上看，法定数字货币对于中央银行调控货币供应量和基础货币的测算将更为精准，这对各国货币政策的实施是有利的，可使货币政策操作更精准，信息更透明，反馈更及时，调控更有效。

二、非法定数字货币的发展形势咄咄逼人，各国央行必须及时跟进反击

比特币、天秤币等非法定数字货币诞生之后，发展相当迅速，一度公开叫板各国货币体系，试图加入国际货币竞争，在受到各国冷遇与打击之下，不得不改变策略，试图在主权货币体系和全球金融监管的夹缝中找到新的定位，称只想成为各国现有法定货币的“助手”，但实际上还是暗暗蓄积动能，最终想与各国的货币体系一决雌雄。与此同时，目前非法定数字货币正呈星火燎原之势，有可能对现有各国货币体系形成较大的冲击。据比特币资讯网2020年3月2日披露，加密货币正挑战传统货币，并且随着数字经济的发展而体现出重要性。从2009年区块链的提出至2019年的10年中，加密货币交易量不断攀升，基于区块链的虚拟货币的累计交易量达到31亿美元，2019年全年的交易量为11亿美元。截至2019年底，比特币供应量已经超过了1800万个，流通供应量已经占据了比特币总量的85%。全球区块链钱包数量增长至4300万个。正是在这种态势下，促使各国政府增强了推进数字货币研发与推广的紧迫感与使命感。

正是在非法定数字货币的冲击和挑战下，越来越多的央行开始加入到法定数字货币的研发与推广行列。从2019年开始，全球各国央行纷纷加入央行数字货币研发的行列。据国际清算银行2020年3月的一份报告显示，目前已有12个国家的央行在研究推出有

“官方背书”的数字货币。当前，国际上正在进行之中的央行数字货币项目主要有中国央行数字货币DC/EP，加拿大中央银行基于区块链技术的支付项目Jasper，新加坡金融管理局央行数字货币项目Ubin，以及欧洲中央银行和日本中央银行联合开展的基于区块链技术的跨境支付项目Stella等。

目前来看，全球各国央行数字货币意识被广泛唤醒，将逐渐形成对非法定数字货币的全面反击能力，法定数字货币将成为数字货币舞台上的主角，而数字货币成为各国法定货币，以及全球支付结算货币是水到渠成的事。

三、法定数字货币显示出强大生命力

法定数字货币是一种数字化的资产，它给各国民众带来了匿名性、安全性、便捷性等方便，也给各国货币管理当局带来低成本、易追踪性、可控性，以及具有较强的金融包容性、支付系统稳定性、分布式账本技术等许多的优势，也有国家信用作后盾，拥有比现金实物更多的优势功能。根据国际清算银行2019年对现金使用情况的调查，虽然各国的流通货币在增加，但大额面值的货币，主要用于贮存而不是用于支付，且现金在支付上尤其是在国际贸易中存在着不少的障碍。目前，人们对电子数字货币已进入了一种适应和依赖状态，电子支付方式逐渐在大众普及，现金支付在减少，人们养成了电子支付、移动支付习惯，这让人们形成了一种对数字货币的渴望意识，也为数字货币的推行创造了条件，更让数字货币越来越显示出它广阔的发展空间。

同时，已有不少国家央行在数字货币研发与推广上已取得实质性进展，进入测试阶段，比如中国央行先后进行多种内测及其他应有场景的测试；有的国家已发行和使用了数字货币。这一切都为数字货币全面推进提供了有利条件，尤其积累了经验，并提高了民众对法定数字货币的认同感和适应能力，为法定数字货币显现出强大的生命力奠定了可靠的基础。很显然，目前各国央行将法定数字货币列为法定货币只是一个货币运用与管理体系转型的问题，不存在任何其他重大功能性的障碍，数字货币全面取代现金实物货币只是时间快与慢的问题。

四、数字经济的发展需要数字化货币为其服务

随着互联网信息技术的发展，主要是区块链技术的普遍运用，以及未来量子技术走入全球经济金融生活，全球经济活动将重点由线下转入线上，经济主动行为都将实现数字化，数字经济将蓬勃发展。而经济与金融总是相生相融的一对孪生兄弟，数字经济必然会孕育数字货币的产生，数字货币又反过来作用并服务于数字经济，推动数字经济向着更完美的方向发展。

正是由于数字经济与数字货币之间的这种关系，两者将会在未来全球经济金融活动及民众生活中结合得更加紧密，没有数字货币的数字经济将很难获得很好的金融发展环境，数字经济通过不断升级的网络基础设施与智能机等信息工具，全面融入现代生活，信息

技术也由互联网，再到物联网，以及未来的量子技术等，呈螺旋式上升趋势，不断推动人类经济形态转变，而数字经济发展的每一个环节都离不开数字货币的滋润。

从全球范围看，未来全球跨国贸易可能将绝大部分通过线上完成，数字货币必然会成重要的支付手段。因为数字货币只要通过全球支付中心签订一些现金转换协议，配合多重签名，通过数字货币钱包就可以直接支付了，大大降低了结算成本。同时，数字货币将会进一步促使全球经济洗牌，围绕数字货币运转的各种商业模式将会不断涌现，不断推动商业模式创新，有效改变全球商业生态，推动全球商业的繁荣发展。

从中国来看，数字货币也将为中国数字经济发展加油助力，推动中国数字经济焕发出无限动能。2019年12月27日，笔者在《我国发展数字经济离不开数字货币》一文中指出："未来，我国数字货币面世，将给我国数字经济发展带来巨大的推动作用，毕竟金融是经济运行的'血液'，而数字货币则会成为数字经济的'灵魂'；可以肯定的是，一个没有数字货币为支撑条件的数字经济肯定无法行稳致远。因为数字货币一方面仍然属于国家的法定货币，可以抵挡其他加密虚拟数字货币的干扰或冲击，有利国家金融秩序稳定，不会对数字经济发展带来负面影响。尤其，不给那些打着数字货币旗号从事网络炒作、欺诈，并以圈钱为目的的所谓货币创新活动以任何可乘之机，避免危害我国实体企业或数字经济的健康发展。另一重要的因素是，数字货币支付的快捷性、无所不在性远非实物现金或转账支付所能比拟的，这与数字经济快捷性、高效性发展方式或目标是高度相一致的，对推动数字经济与实体经济发展相融合、相协调及金融支付数字化、生态化都将起到重要作用。”

当然，数字货币成为法定货币肯定是一个循序渐进的过程，不可能一蹴而就，必须根据主客观经济条件及金融环境逐步推进，且在较长时期内，数字货币和纸币将并存流通。法定数字货币也将与银行卡、支付宝、微信等第三方支付工具共存，不会影响当前的支付格局和货币运行体系。所以，支付领域去现金的革命缘起于货币电子化，而数字货币作为货币电子化的迭代者，被视为现金（纸币、硬币）支付的终结者，最终数字货币必然会成为现金货币的“掘墓人”。

数字货币有望成为世界储备货币新贵

数字货币发展到今天，其概念已逐步获得全球民众的青睐，不少人还参与到非法定数字货币的投资之中，使得非法定数字货币的发展如火如荼，正是在这种大背景之下，各国政府才着手考虑研发与推出法定数字货币，来应对非法定数字货币带来的严峻挑战。

至于数字货币能否成为世界储备货币的新贵，可分两种情况下来看。可以肯定地说，非法定数字货币，无论是比特币还是更接近稳定性能的数字货币（天秤币）Libra都不可能成为世界储备货币。为什么这么说，原因很简单，这是由非法定数字本身的天然缺陷所决定的：其一，非法定数字货币本身没有获得政府认可，难以获得货币公开合法身份，自然不可能成为经济金融活动中普遍交易支付结算的最一般工具。其二，去中心化的特征使得非法定数字货币始终处于一种“无政府”状态，不利于政府的监控与管理，也就无法步入合法轨道，更不要说充当世界储备货币。其三，匿名性虽然在保密性方面具有一定作用，但无法对货币的来去“足迹”进行有效跟踪，为洗钱、偷漏税等违法犯罪行为大开方便之门，这必然为各国政府当局所难以容忍。其四，其发行数量严格固定，不具有灵活性，无法适应经济社会发展所需，会带来通货紧缩；而且，一些非法定数字货币价格没有锚定对象，受市场投资需求的波动较大，容易引发价格的大起大落，不利于货币价值的稳定，更容易导致货币监管体系的紊乱，对政府现行货币体系形成冲击，给社会经济发展带来很多意想不到的负作用。凡此种种，都让非法定数字货币难以担当世界储备货币的重任。

由此，担当世界储备货币的重任只能历史性地落在法定货币的身上了。前面两节专门谈到了法定数字货币将成为人类社会普遍接受的支付新工具，以及各国法定货币，其成为世界储备货币也是自然而然的事情了。

说法定数字货币可以成为世界储备货币，但并非每一个国家发行的法定数字货币都能达到这个目标，这是因为一国货币要成为世界储备货币，需要具备三项基本条件：一是发行信用货币的国家要有强大的经济实力，能全面参与全球贸易，其货币才会在国际间被广泛使用，并被顺利地接受；二是发行的货币具有足够的稳定性，即能够与黄金发生联系，其发行国家必须拥有足够的黄金，以保持货币信用的稳定；三是其充当世界贸易支付与结算的能力要为全球其他国家所认可，要为国际货币体系机构所承认。所以，未来部分国家，只要具备一定的经济实力，国内政局稳定，其发行的数字货币都有可能成为世界储备货币的一部分。

同时，可以看到，发行数字货币由于有国家信用作后盾，其实也就是将现有的实物货币进行数字化转变，从现实中将当下的实物货币搬到线上，成为数字货币，并不会因为货币数字化而使货币的价值发生变化，更不会因为货币数字化而颠覆一个国家的信用状况。所以，从根本意义上看，数字货币并不会改变一个国家的货币信用背景或信用实质，过去作为国际一揽子货币体系的国家如果发行数字货币，它们的货币同样有可能成为世界储备货币的重要组成部分。

唯有追求法定数字货币的全球化，才是数字货币诞生与推广运用的最大追求目标。法定数字货币成为世界储备货币的意义和途径在于以下四个方面。

一、法定数字货币为世界储备货币奠定了基础

目前，全球百分之七八十的国家已意识到法定数字货币的重要

性，不少国家已着手数字货币研发，已有不少国家对数字货币进行了各种测试，更有少数国家已推出了数字货币，从目前的市场反馈来看，数字货币在场景感受、安全性能、发行机制、管控模式等方面都能达到预期目标，使得人们对数字货币在未来进入经济金融生活充满了信心。

各国央行开启数字货币研发与推广，既为各国政府的货币管理体系带来新变化，为本国经济发展带来新的金融力量，同时也迫使各国政府谋求本国数字货币实现全球化，争取在全球经济金融发展中发挥更大的作用。显然，各国政府会想尽办法通过数字货币使自己能更深地融入全球经济金融发展之中，这是数字货币全球化的一种必然走势，也是数字货币成为世界储备货币的内在动能。

二、法定数字货币将打开全球新的货币发行与管理格局

各国央行推行数字货币除了抵御非法定数字货币带来的种种冲击之外，一个重要的目的在于打破当前以美元为主导的旧有的世界货币体系及外汇体系，意在为各自国家货币寻找新的发展之路，实现国际货币体系多元化和多样性，重启全球金融经济发展新格局，让所有国家的数字货币能够公平参与到全球经济金融活动之中。据国际货币基金组织(IMF)的数据显示，截至2019年1季度，美元仍占所有已知央行外汇储备的61%，全球40%的债务以美元计价，并且美元在外汇市场上的统治地位也很明显，因为90%的外汇交易都涉及美元。

在法定数字货币全球化浪潮推动下，相信世界外汇体系将会得到重建，如此一来，可带来许多实实在在的利好：一是各国数字货币理论上都有可能成为可直接兑换以及结算支付的工具，目前的国际货币格局将会得到重塑，加入一篮子货币的数量将会大幅增加，也就是说，虽然2017年1月1日起的FETS货币篮子选样规则，已经将子货币数量由13种变为24种，即美元、欧元、日元、港元、英镑、澳元、纽元、新加坡元、瑞士法郎、加元等。但未来仍有可能扩大到更多国家的货币。尤其是，发展中国家以及经济欠发达国家在一篮子货币中的比重有望得到提升，甚至有可能将所有国家的数字货币都纳入到一篮子货币中来。二是盯住美元的汇率机制也会因此而得到调整和完善，现有浮动汇率机制也有可能更加科学合理，大大改善各国外汇贸易状况，使各国贸易都能处于更加公平的状态。而且从客观上来看，各国固定汇率成分有可能加重，有利各国汇率稳定，保持较强的国际清偿能力，更好地抑制外汇市场的投机套利活动。而且，外汇机制也将向着更加公平的方向迈进，这对于有效调节全球金融财富差距，推进全球经济共同发展，让各国民众都能过上体面的生活创造有利的金融条件。

三、法定数字货币成为世界储备货币新贵也是全球民众需求的结果

法定数字货币不仅以其便利性、低交易成本、高速度等优越性能走进人们的生活，而且更能带来不少比现金货币更多的“性

价比”。

数字货币面世和全面进入全球各国民众金融生活之后，将会在三方面掀起波澜：一是方便各国居民换汇，只要确定官方汇率并且符合国家换汇规定，居民可以省略复杂的换汇手续，这对于民众出国留学、去国外经商等方面都将带来极大的利好，无疑也可在很大程度上刺激数字货币需求的增长，这样也就必然带动数字货币在世界储备货币中的总数量。二是未来数字货币成为全球法定数字货币之后，普通居民如果到海外投资和进行资产配置，只要在国家设定的海外投资额度之内，可减少很多繁琐的审批手续，可方便民间资本进入全球其他国家的投资活动，也利于民众在全球进行有利于自身的资产配置，这对激活全球投资活动，高效充分利用全球金融资源，拉升全球经济增长等方面产生重要影响，也将刺激数字货币成为未来全球重要的世界储备货币。三是有利于激发民间数字货币爱好者收藏各国数字货币，极大地消除原有收藏钱币受到地区因素制约的缺陷。让更多民间数字货币爱好者在网上购买和收藏全球各国的数字货币样品，在很大程度上也能促进数字货币成为世界储备货币。

四、中国央行的行动已拉开了法定数字货币成为世界储备货币的序幕

央行发行数字货币的目标有两个：一是应对非法定数字货币的严峻挑战，因势利导，变不利为有利；二是方便货币发行和流通，

带给金融参与者以新场景感受，并力图推动数字货币的全球化。据国际清算银行2020年发布的对各国中央银行数字货币的调研报告显示，80%的中央银行正开展相关研究，40%的中央银行已从概念研究阶段转向实验或概念证明阶段，还有1%的中央银行已启动试点项目，已经形成全球竞相发行的趋势。

目前，中国已经成为世界第二大经济体，是世界第一大贸易大国，2019年中国进出口贸易规模就高达31.54万亿元。中国推出数字人民币后，一旦在与境外企业开展国际贸易结算中成功推广，将有望部分取代美元的贸易结算地位，在一定程度上加速人民币国际化，也为数字人民币国际化创造有利条件。可以说，目前中国央行法定数字货币具备“世界货币所需的一切条件”，“万事具备只欠东风”。可以说，中国央行的行动已拉开了法定数字货币成为世界储备货币的序幕。

哪些国家的数字货币将成为主导力量

目前，各国政府的法定数字货币尚处于初级阶段，谈论未来谁来主导数字货币的大局似乎为时尚早，但目前的局势已经初现端倪，一些敢于吃螃蟹的中小国家推出的法定数字货币，让人耳目一新，不少国家也已在暗中投入财力与人力研发本国法定数字货币，并取得了实质成效，离真正推出只差临门一脚了。

然而，判断谁会成为数字货币领域的主导者，是一个比较复杂的问题，不能简单地看某一方面、某一时间节点的数字货币状况，而是应从动态、静态两方面，以及主观态度和客观条件来进行全面科学的预估。我们认为，目前可从两个大的方面来探讨这个问题。

一、需要综合考量各种因素

要让一个国家的法定数字货币成为数字货币领域的主导，并非轻而易举之事，会受许多因素制约。我们必须考虑一个国家经济发展现状，原有货币在世界储备货币中的地位、作用以及该国政府对数字货币的态度及研发投入状况等多重因素，具体有四个方面。

1.用静态的眼光看

判断一国法定数字货币能否成为主导货币，要用全面联系的观点，即要结合该国原来的货币在世界储备货币体系中的地位和作用来看。因为数字货币是一个国家现金货币的数字化，其实物货币币值稳定且强势的国家的数字货币，其数字货币成为主导性力量自然更为有利。例如，美国如果快人一步推出数字美元，那么数字美元就有成为主导数字货币的先决条件，毕竟美元是世界第一大货币，作为美元数字化的法定数字货币，相对容易成为全球数字货币的主导者。

不过，令人遗憾的是，美国在数字货币方面的态度模棱两可，被拉美、非洲及亚洲的一些国家在数字货币研发与推广方面抢了先机。

2. 用动态的眼光看

看一个国家的数字货币能否成为主导货币，应用发展的而不是一成不变的眼光来看。毕竟，一个国家的经济金融发展现状不会是一成不变的，而总是处于不停的变动之中。尤其是，在现有全球经济金融格局处于频繁变动的环境下，所有国家的经济金融发展水平都不可能是固定不变的。过去经济发展水平不高、金融处于弱势地位的国家，经济金融发展有可能赶上或超过现有国家，那么它的货币币值稳定程度，及对全球经济金融的渗透力与影响力，也会超过以往，在国际货币体系中的地位得以提高，因而在世界货币体系中发挥的作用也会越来越大，那么成为世界数字货币主导者的可能性将会增大。相反，那些过去经济金融发达的国家如果日渐式微，则其货币在世界储备货币体系中的作用也会被大大削弱，很难再风光无限，在数字货币的发展潮流中，也会处于落后地位。

比如，中国目前虽然是世界第二大经济体，但人民币在世界货币体系的作用还处于弱势地位，与强大的经济实力不相匹配。但随着时间推移，人民币对全球金融经济的影响力会相应提高，中国央行发行的数字人民币有可能成为全球数字货币的引领者。

3. 从政府及民众态度上看

一个国家政府对法定数字货币的重视程度，以及民众对数字货币的理念和认可度，对数字货币能否成为主导货币也会产生至关重要的影响。如果一个国家的政府对数字货币根本不重视，提不起兴趣，不投入人力财力去研发和推广，那么即便经济再发达、科技能力再强、金融发展水平再高，都将难以推动数字货币在本国的发展。而如果一个国家政府对数字货币比较重视，也试图通过发行数字货币来摆脱对某种货币的依赖，或消除对某种货币的干扰，即便国家经济实力、科技能力相对较弱，也会创造条件迎难而上。尤其是，如果民众欢迎数字货币，都认可数字货币取代实物货币是货币发展的一个必然方向，则可大大消除由此带来的各种社会阻力，为本国货币数字化扫清障碍。换句话说，唯有积极拥抱法定数字货币的国家才有可能成为数字货币的主导者。比如目前经济并不发达而推出数字货币的几个国家如委内瑞拉、泰国、厄瓜多尔、塞内加尔等国家，在数字货币研发与推广上捷足先登，尽管这些国家推出的数字货币还存在不少缺陷，但俨然已成全球法定数字货币的“弄潮儿”和先行者，为世界各国政府探索数字货币积累了可资借鉴的经验。

而一些欧美国家对数字货币的态度模棱两可，或者对数字货币不重视，至今在法定数字货币研发与推广上徘徊不前。比如，美国国民担心法定数字货币会侵犯个人隐私，可能会成为延迟推出法定数字货币的因素。

4. 从经济金融开放程度看

一个国家的数字货币能否成为全球主导者，与金融开放程度存在很大关系，开放程度越高，数字货币成为主导货币的可能性就越大，反之亦然。如果一个国家金融开放程度低、金融基础设施以及金融基础制度落后，国民金融意识脆弱，经济发展处于相对封闭状态，那么这些国家发行的数字货币也不可能成为数字货币的主导者。道理很简单，因为该国即便发行数字货币也不具有国际可流通性，难以在贸易及其他经济往来中顺利充当支付结算工具，也无法成为真正的世界储备货币，无法发挥出数字货币的应有作用。

现有国际货币体系也是按照这个原则来构建的，目前进入国际一篮子货币的20多个国家都是金融开放程度相对高的国家，而开放程度低的国家，经济金融也相对处于落后状态，其货币在世界金融体系舞台上地位较低。

二、数字人民币有可能成为主导货币

数字人民币有可能成为全球数字货币的主导者，并非盲目自信，而是从多个主客观因素来进行理性判断的结果。

1.研发数字货币的队列中，中国经济实力最强

目前，已有一些国家推出了数字货币，但都是一些经济体量小，对全球经济金融影响较弱的国家，比如厄瓜多尔、泰国、塞内加尔等，它们虽然推出了数字货币，但很难在全球数字货币体系中掀起大浪，也没有主宰世界数字货币的实力与能力。而美国、加拿大、印度等国在数字货币研发与推广上处于滞后状态，不少国家尚未将数字货币纳入议事日程，一时也难以担当主导大任。因此，从诸多迹象看，当前还没有哪一个主要经济体能够达到中国数字货币

的研发水平与能力，作为超大型经济体，中国的数字货币研发处于领先地位，为将来成为主导数字货币创造了有利条件。

2.中国央行在研发上投入了大量人财物力，夯实了数字货币的基石

虽然中国推出数字货币的时间要晚于委内瑞拉、泰国等国，但中国做得更扎实和稳健，为的是防止数字人民币推出后出现问题，想把所有可能存在的风险问题都消除在萌芽状态。事实上，中国央行在数字货币（DC/EP）的开发已经超过5年，为此投入了巨大的人财物力，做实了大量基础性工作，已在不少城市进行了内测，尤其目前在争夺可编程货币的竞争上明显处于优势地位。

更重要的是，中国经济体量巨大，人民币本身已进入一篮子货币，数字人民币面世之后，有望成为世界重要的储备货币，并将成为全球数字货币的主导者。

3.中国金融改革开放的步伐越来越大，全球化程度加深

一个国家金融越是开放，金融全球化程度越深，越需要数字货币来铺垫道路，该国数字化货币也越有可能发挥更大作用，成为全球数字货币的主导者。

目前，中国金融改革与对外开放几乎涉及所有领域，为法定数字货币国际化提供了有利的金融环境。2019年5月29日至30日，在北京举行的金融街论坛年会上，“一行两会”（中国人民银行、中国银保监会和中国证监会）官员密集发声，为金融业创新与发展提供建议，为深化金融供给侧结构性改革，推动经济的高质量发展提供思路。目前，外国银行业、保险机构在华机构的数量不断增长。数据显示，截至2020年一季度末，外资银行在华共设立了41家外资法人银行、115家外国银行分行和149家代表处，营业性机构总数975家（含总行、分 行、支行），外资银行总资产3.58万亿元。境外保险机构在我国设立了64家外资保险机构、124家代表处和18家保险专业中介机构。外资保险公司总资产1.46万亿元。

此外，中国银保监会副主席王兆星在上述的论坛上表示，目前中国各项金融开放措施正在陆续落地，市场、国际反应非常积极，多个国家和地区的金融机构已向中国表达了在华进一步发展和扩大投资的意愿，已有多家外资金融机构提出了准入的申请。王兆星说："我们要进一步优化外资金融机构的市场准入条件，按照国民待遇加负面清单的原则，在有效防范风险的前提下持续优化外资银行和保险机构的准入条件，不断地扩大外资银行和保险机构经营的范围和空间。吸引更多的具有专业特色和专业竞争优势的外资银行进入，进一步丰富我国的金融市场主体，不断改善我们的金融供给。"

很显然，中国不断深化的金融改革和对外开放举措，都为数字人民币在未来走向国际化铺平了道路，使数字人民币成为数字货币主导者有了强大的基础支撑。

三大领域将引领新合作

数字货币的最终出路将是全面走向全球化，如果不能实现数字货币的全球化，数字货币的意义就会大打折扣。而且，数字货币的诞生也为主权货币竞争提供了新的竞争维度。比如在中美贸易摩擦中，将来在数字货币领域，两国也可能产生新的竞争关系。国际货币基金组织、国际清算银行、金融稳定委员会、金融行动特别小组等多边金融机构也曾多次表示将关注数字货币竞争可能带来的风险。

但是，数字货币的研发与推出也有合作的一面，因为未来各国发行数字货币的最终目的是让法定数字货币走向全球化，加上未来金融融合程度加深，任何一个国家的法定数字货币都不可能是孤立存在的，而是相互联系的，这样势必推动各国政府在数字货币的研发、使用等方面形成全方位的合作，才有可能扫清数字货币发展道路上的各种障碍，保证各国法定数字货币的顺利运行，让各国法定数字货币成为真正的世界储备货币，也最终使数字货币全面取代实物货币，让全世界货币体系由实物时代进入数字时代，使全球数字货币成为全球数字经济的“新鲜血液”，造福全球金融经济与民众生活。

所以，未来全球在数字货币方面的合作也将是空前的，因为数字货币运行的良好金融环境需要各国共同努力与维护，否则数字货币将寸步难行。从目前各国数字货币现实看，各国政府可以在研发、使用与安全等三方面形成良好的合作关系。

一、研发上的合作

现在全球各国政府在数字货币的研发上，由于信息科技能力及经济实力上的差异较大，加上各国政府的重视程度也是千差万别，这就使得全球各国的数字货币研发进程参差不齐，总体上处于一种不均衡态势。

正是由于这种态势，数字货币研发上也有了更大的合作空间，即掌握数字货币技术的国家会主动有偿提供或“出售”自己的数字货币技术；或者与目前尚未着手数字货币，但也想拥有数字货币的国家开展技术合作，采取由数字货币需求方提供人财物力，数字货币技术掌握方提供技术转让服务，并收取适当的技术转让或技术顾问费等形式，进行合作。

还有就是拥有过硬数字货币技术的国家将掌握全球数字货币技术的主动权，目前经济实力雄厚而数字货币技术又有厚实功底的国家，也可能会无偿给其他国家提供数字货币技术，因为独木不成林，提供无偿帮助的目的在于让全球更多国家尽快拥有数字货币，让数字货币尽快在全球各国推出，助推全球进入数字货币时代，进而提高自身的数字货币对全球的经济金融影响力。所以，从某种意义上说，帮助别人也是间接帮助自己，以达到自己所期望的目标。

在这种态势下，未来全球各国可能会出现两个层面的合作：一种是国内数字货币研发公司大量涌现。央行除了自身成立数字货币科研公司研发数字货币之外，也可能会与国内科技企业进行合作，共同研发数字货币。可以预见，全球各国将出现众多数字货币研发公司。比如，目前中国央行已开展数字货币商业应用场景测试，支付宝、美团、滴滴、B站、字节跳动等公司均已与央行数字货币项目银行展开合作。另据央行官方最新消息，在2020年9月21日国务院发布的《中国（北京）自由贸易试验区总体方案》表示，支持人民银行数字货币研究所设立金融科技中心，建设法定数字货币试验区和数字金融体系，2020年9月28日，中国央行数字货币研究所与上海市长宁区人民政府签署战略合作协议。双方将成立上海金融科技公司，逐步实现贸易金融区块链平台和技术研发中心落地。9月28日，中国人民银行数字货币研究所与城银清算服务有限责任公司举行战略合作协议签署仪式，双方将在数字人民币应用项目方面开展战略合作。

另一种是国际性数字货币研发公司大量涌现。国际性研发数字货币的机构或中介机构，比如国际数字货币研究所、国际数字货币技术中介所、数字货币最新技术研发机构等等将现大量涌现，在数字货币研发上将展开大范围、高难度、深层次的合作。比如，在区块链金融的安全方面，会在交易层次、账户层次、编程层次、分布式组织层次、网络层次、监管层次等核心竞争力及风控等方面展开全方位合作，使数字货币不断向着最现代化、最安全化方向发展。

这样一方面可让数字货币进入快速发展时期，使得以数字货币概念投资项目或股票及债券投资价值放大、价格上升，催生出许多数字货币产业的发展，给全球各国带来亿万级财富效应，也可带动更多的社会就业，化解各种社矛盾，推动世界经济发展；另一方面，全球以投资数字货币为重要内容的产业或企业将不断涌现，既繁荣活跃全球数字货币研发，也大大激活全球数字货币的研发活力，最终加快人类进入数字货币时代的步伐。比如，2020年7月20日，七国集团（G7）基本决定将就发行央行数字货币（CBDC）展开合作，于8月底到9月上旬在美国举行的首脑会议（G7峰会）上开展进一步讨论。同时，全球各大央行的数字货币工作团队陆续组建。7月20日，日本央行在结算机构局内新设立“数字货币组”，重点研究中央银行发行的数字货币，探索如何构建数字社会的最佳结算系统。此前，韩国央行宣布成立央行数字货币法律咨询小组，为其数字货币发行建立法律基础和技术基础，以便更灵活地应对迅速变化的全球支付环境。2020年1月，G7（七国集团）就已正式联合组建央行数字货币小组，成员囊括欧洲、亚洲、北美几大主要经济体央行。

二、使用上的合作

数字货币诞生的最终目的是为了使用，而在全球扩大使用与流通范围则需要不少成熟的条件；如果不提供完备的条件，数字货币即便推出来了也只有是“镜中花水中月”，无法付诸流通，也就不可能对世界货币的改善起到任何作用，对全球金融生活也毫无益处，最终也不可能造福人类。而推广使用需要具备两方面的条件。

1. 需要国家政府之间及民众相互之间的认可

一个国家研发与推出数字货币，在国内需要民众认可和接受，需要民众改变货币支付习惯，开始可能会存在一定的难度，但只要通过加大宣传与引导力度，并通过本国的法律制度加以规定，使得法定数字货币具有法偿性和强制性，在本国顺利流通一般是不会存在多大问题的。比如，只要在本国政府出台数字货币相关法律制度将数字货币的相关特征进行规定，并要求民众在使用时注意安全事项以及开设数字货币账户程序等，就可让数字货币成为一个国家的真正法定货币。

但是如果想让本国数字货币成为世界储备货币，并能在其他国家进行“流通”使用，就并非一件容易之事了。牵涉到的问题就比较多，其中包括：其一，国与国之间的内政都比较稳定，不会因为政局动荡导致数字货币的无法使用；其二，世界局势比较稳定，没有战争或瘟疫等人为和自然灾害带来的冲击；其三，相应的数字货币科技基础设施完善。如此，才有可能消除数字货币成为世界储备与流通货币的基本障碍。

2. 各国之间建立数字货币“流通”的有效框架

数字货币要在各国之间大行其道，还需要建立相应流通协作框架，及相关制度来予以支撑。目前看来，应建立有效的国际性数字货币运行体系及外汇框架的范围，具体包括：第一，通过研发建立一种推动国际合作与跨境支付的数字货币运行体系以及外汇核算体系，使各国数字货币能够顺畅流通，并能实现及时换算，以确保数字货币在全球范围内的充分高效流通。第二，通过建立相关数字货币国际性法律，来确保数字货币在全球各国流通的安全，主要是规定数字货币在各国相互之间流通的规范性及规避的相关问题，各国建立法律服务机构专门对数字货币流通中存在的问题比如被盗等问题提供法律援助，通过法律进行有效解决，充分保护数字货币拥有者的权益。第三，全球各国还要搭建相应的数字货币运行平台，通过各国央行科技公关机构搭建一个数字货币交换与支付结算的平台，在这个平台上任何国家的数字货币都能实现顺利对接，推进交易支付的顺利进行。比如，可建立国际数字货币基金组织、国际数字货币清算银行、国际数字货币金融稳定委员会、国际数字货币金融行动特别小组等机构，并依托这些国际机构确保数字货币在全球有效流通。

三、安全上的合作

数字货币诞生除了追求国内及国际流通之外，最大的目的就是要保证流通的安全，如果不能保证流通的安全，不要说在国内不可能为民众所接受，无法参与经济金融生活，更无法在全球其他国家进行正常流通与使用了。可见，在将威胁数字货币支付与结算的所有问题基本解决之后，数字货币最终成为世界储备货币的目的才能达到。

目前，在安全方面的合作，主要是防止出现国家之间的技术偷盗，通过木马病毒程序对其他国家数字货币进行入侵，损害其他国家数字货币的运行系统，从而使其他国家的数字货币处于混乱和瘫痪状态，进而影响一个国家的数字货币运行体系的安全。同时，如果没有在打击洗钱、反击全球恐怖势力等方面达成一致意见，可能会使一个国家的数字货币，为另一个国家的犯罪团伙进行违法犯罪活动，大开方便之门。还有就是对非法定数字货币监管在态度和观念上不能统一，如果出现你松我紧的局面，那么未来非法定数字货币还是可能会对法定数字货币形成较大的冲击，甚至严重影响法定数字货币的安全运行。

对此，未来全球各国为了保持本国及他国数字货币安全，必须在风险防控方面加强合作：其一，各主要国家需要建立全球数字货币科技安全防卫系统，构建全球数字货币打击盗用技术的联合监控机构，落实全球数字货币可跟踪机制，时刻对各国数字货币的流向情况进行及时监管，做到有问题早发现早介入，避免数字货币出现更大、更多问题，将所有安全问题消灭在萌芽状态，保护各国数字货币的声誉与利益，让民众对数字货币充满信心。其二，建立安全保护框架，如同国际刑警组织一样，建立全球性数字货币安全维护国际小组，主要是对通过数字货币进行洗钱、支持恐怖组织、贩毒、偷漏税、贪污腐败等行为进行严密监控与打击，让全球数字货币成为真正的“干净货币”，充分赢得民心，为数字货币在全球顺利流通营造健康的氛围。第三，建立全球性的执行机构，提高对非法定数字货币金融危害性的认识，形成高度自觉的金融监管意识和理念，将一切非法定数字货币都列入严密监控与打击范围，时刻注意非法定数字货币的动态，铲除非法定数字货币生存的土壤，让非法定数字货币无法成为危害法定数字货币的“害群之马”。

可以预见，全球数字货币浪潮既有可能给全球货币体系带来严峻挑战，也将掀起各国阻止美元霸权的高潮，当前，包括中国、俄罗斯、德国、法国、印度、越南、土耳其、巴基斯坦、伊朗、委内瑞拉等具有代表性国家已经纷纷开始“去美元化”。这种主权货币之间的争斗将是复杂的、长期的，也是残酷的。尽管如此，在人类货币数字化历史进程中，合作与追求共同的利益仍将是大趋势，相信在数字货币研发与推广的道路上，各国在经济金融方面将会出现更多的合作，共同来推动全球经济健康有序发展，数字货币的出现也必将人类货币的发展推向更高的阶段！

数字货币时代，已经款款走来！你，做好准备了吗？

附录

数字货币相关术语

- 数字货币：本书所提到的数字货币包含了非法定数字货币和法定数字货币。
- 非法定数字货币：非央行发行的数字货币。它是一种基于节点网络和数字加密技术算法而诞生的虚拟货币。
- 法定数字货币：具有国家背景的数字货币，一般由央行发行或者国家认可的商业银行发行。
- 电子货币：依赖信息数字技术的一种代币凭证（卡）或者说只是实物货币的一种载体，它本身并不是真正的数字货币，只是一种用于结算支付或债务清偿的工具。
- 虚拟货币：非实物货币的统称。
- 主权货币：是指某一国家发行的本国货币，如美国的主权货币就是美元；英国的主权货币就是英镑；中国的主权货币就是人民币。

- 超主权货币：是指并不隶属于任何主权国家的世界货币。
- 超主权数字货币：指一种脱离国家主权背书的、被广泛用于国际之间结算和国际储备的货币。